三国志最強の男

# 曹操の人望力

加来耕三

Kouzou Kaku

すばる舎

曹操の知られざる魅力が、
今ここで、明らかになる

# はじめに

## ◆中国大陸の方向を決めた好漢《おとこ》

三国志の一方の主役であり、諸葛亮《しょかつりょう》（以下では諸葛孔明《こうめい》）・関羽《かんう》とともに、〝三絶《さんぜつ》〟（ベストスリー）に数えられた曹操は、中国大陸の華北《かほく》を占拠した、事実上の支配者として知られている。

だが、その伝えられる像は、極めて矮小化《わいしょうか》されたものでしかなかった。

とりわけ、俗語小説『三国志演義《さんごくしえんぎ》』の主人公・劉備《りゅうび》の仇敵役をふられてからは散々であった。が、そのことを本書で触れたいのではない。かれの登場が、中国史を一変させたスケールについて、述べたいのである。

曹操が登場するまで、中国大陸では約四百年にわたって〝漢〟の帝国が存在した。途中、「新《しん》」が十五年はさまったため、前漢・後漢と分けて呼ばれてはいるが、二つの

〝漢〟の帝国の本質は同じものであった。その後漢の末期、帝国は分裂し、英雄豪傑が現われて、地方に独立圏が割拠して、それがそのまま、今日のヨーロッパの国々のように形成、発展していても、決しておかしくはない状況となった。

逆にいえば、全ヨーロッパ、EU全体よりも巨大な領土と人口を有する中国大陸が、今日なお、一つに統一された国家であることの方が、むしろ異常というべきであろう。絵空《えそら》事《ごと》のように思われても、しかたがない。もちろん、奇跡とも呼べよう。

——ヨーロッパにも、ローマ帝国というとほうもなく巨大な国家が存在した。

しかし、一度分裂をはじめた帝国は、幾つにも分れ、中世において各々の国家を形造《かたちづく》り、その後、ナポレオン一世が出現しても、ヒトラーが第三帝国を標榜《ひょうぼう》して現われても、ヨーロッパ全体が再び、一つに統一されることはなかった。

統一通貨をもった今日にいたっても、諸国併立はかわらない。

むしろ、こちらの方が自然であったように思われる。国家であれ、企業であっても、大きくなればなるほど、維持し統治するのは難しくなるものだ。

ところが中国大陸は、中央集権化という摩訶《まか》不思議な統治機構をもち込み、秦の始皇帝による全領土統一以来、離合集散をくり返しながらも、全体を一つとする方向性を歴史的には示しつづけて来た。

とくに、ふり返ったおりに重要であったのが、後漢末期に出現した三国鼎立《ていりつ》の時代であった。曹操の魏《ぎ》がやがて晋《しん》となり、南北朝分裂が約三百七十年間つづいたが、中国は統一の志を捨てず、分裂への方向を示さずに、やがて隋唐帝国の誕生を順次みることとなる。なぜ、ヨーロッパのように分裂しなかったのか。

筆者《わたし》はその源《みなもと》に、曹操の出現を考えた。かれによって進められた、均田制《きんでんせい》（土地の私有を制限し、耕作者に均《ひと》しく分け与える制度）・租調制《そちょうせい》（穀物と布を税として都に運ばせ、納めさせる制度）、そして兵制――この三位一体の制度、さらにはその根本であった人使いの絶妙さ、一言でいえば人望力こそが、統一中国の方向を決したのだ、と。

世上では二十一世紀の今日にいたるまで、三国鼎立期の蜀――その宰相となる諸葛孔明が、蜀独立の契機として唱えた〝天下三分の計〟の方が、曹操の三位一体の制度よりはるかに有名であり、注目もされてきたが、歴史学的には曹操の制度の価値の方が、その存在意義は大きかった。なにしろ、のちの中国大陸の方向を、かれが決したのだから。

もし、あの局面で曹操が現われ、始皇帝が示した独裁制＝中央集権における君主権力の再興が、タイミング良くおこなわれなければ――具体的には、魏が建国されて晋につながる道程を作らなければ――中国大陸はヨーロッパと同様の、分裂と諸国並立誕生の方向へ、大きく舵《かじ》を切ったにちがいなかった。

曹操はほとんど不可能な、あり得ざる大帝国誕生という絵空事を、史実として後世につなぐ役割を担ったことになる。三国志の時代、群《むら》がり起きた英雄豪傑の中で、ただ一人、かれだけが成し得た成果といってよい。

## ◆魅力の根源は人望力と『孫子』

——その役割の偉大さを、筆者はうまく説明できない。しかたがないので、第一次世界大戦時の、英国の政治家ロイド・ジョージが、その著作『世界大戦回顧録』のなかで、当時の外務大臣エドワード・グレー卿をあげて論じた一節を、わが恩師・勝部眞長《かつべみたけ》『上に立つ者の論理』の著作から借用したい。すなわち、

危急存亡の瞬間に、その手綱《たづな》をとらなければならない有力な一個人の出現は、数年、あるいは数代にもわたる政局をしばしば一変させている。一人の天才と決意とは、さし迫った破局を数世紀後にくりのべたことしばしばであって、しかも彼なくしてはそれは当然起こるべき破局であった。その反対に意志薄弱で優柔不断な一個人が、不幸をみずから招きよせたり、早めたりしたことも珍しくない。しかもそれらは彼なかりせば起こらなかったかも知れないし、少なくとも長引かせるようなことはなかったのである。

曹操の生涯については本文で、逐一、見ていくが、なぜ、それほどの大業が成し得たの

か。もし、かれの人となりをすべて分析、検討することができなければ、今を生きるわれわれにも、個々に益《えき》することとは無限大にあるはずである。ただ、かれの生きた時代背景と二十一世紀の今日では、あまりにも時空がかけはなれている。時代背景や習慣・風俗には細心の注意を払い、時代を超越した不変の原理・原則を求めてみたい。

歴史学は誓っていう、人間の本質・本性は、今も昔もかわらないものだ、と。

結論を先にいってしまえば、曹操の成功はその人望力こそが、すべての答えとなりそうだ。

三国志の世界について、これまで幾冊かの著作を述べてきた筆者が、何よりもこの人物にこだわるのは、その性格を細かくみる時、誰もが小型曹操の性格を有していることが、明らかであったからだ。

その一片より二片、二片より三片をつなぎあわせ、ジグソーパズルを形造《かたちづく》るように、曹操を構成した要素を理解し、わがものとすることができれば、人は誰でもが曹操本人に近づき得る。分野を越えて、志をのべることができるにちがいない。

本文を読み進めていただければ、そのことに氷解していただけるかと思う。

後漢末期＝三国鼎立の時代も現代も、人はいつの時代にあっても、生きることに懸命である。生きることは楽しくもあるが、苦しくもあるもの。そのマイナス――辛《つら》さ、逆境を、曹操はどのようにして克服し、のちにつづく大陸統一国家群の、生みの親となり得たのだろうか。本書はその魅力＝人望力をキー・ワードとして、曹操の注による『孫子』にもふれながら、加えて曹操その人を最も雄弁に語るその生涯をみることを目的とした。

そのため、多くを歴史書である『三国志』に拠《よ》り、俗語小説の『三国志演義』はほとんど援用していない。

なお、本書を執筆するにあたっては、先学諸氏の研究成果を大いに参考とさせていただいた。この場を借りて、お礼申し上げたい。直接的な文献については、引用した都度に本文でふれている。全体に関しては拙著も含め、巻末に参考文献として掲げた。そちらを参照していただきたい。

最後になりましたが、この極めて魅力のある、それでいて難解な歴史上の人物に着目し、筆者に新しい解釈・執筆の機会をいただいた、すばる舎の編集部各位にお礼を申し述べる次第です。

平成二十八年四月吉日　東京・練馬の羽沢にて

加来耕三

目次

## 第二章　邂逅……105

## 第三章　試練……157

ブックデザイン……ISSHIKI

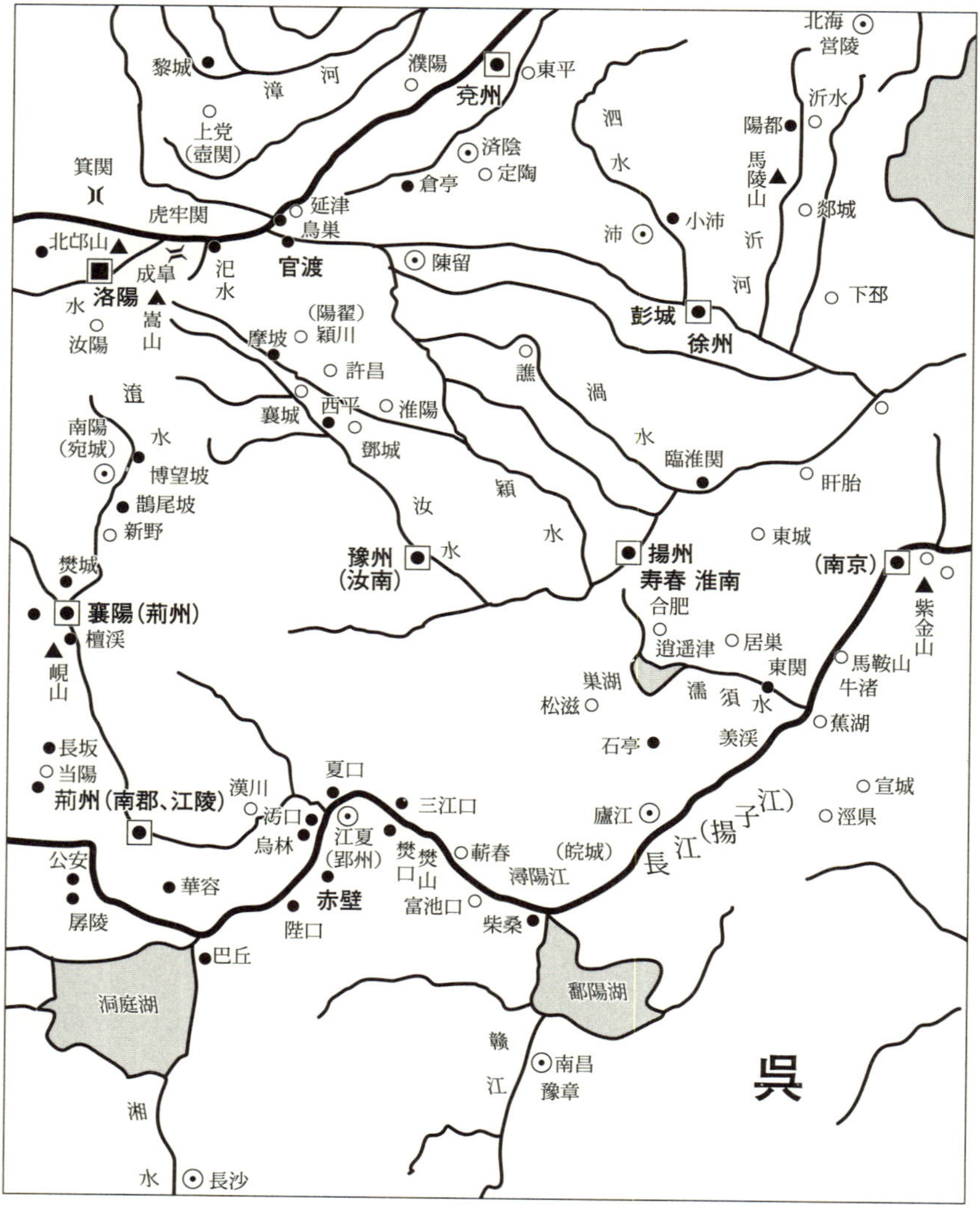
黎城
漳
河
上党
（壺関）
濮陽
兗州
東平
済陰
定陶
倉亭
北海
営陵
沂水
陽都
泗
水
馬陵山
郯城
小沛
沂
河
沛
箕関
虎牢関
延津
烏巣
北邙山
洛陽
成皋
汜水
官渡
陳留
下邳
水
嵩山
汝陽
摩坡
（陽翟）
潁川
許昌
彭城
徐州
譙
渦
水
滍
水
南陽
（宛城）
襄城
西平
淮陽
鄧城
博望坡
臨淮関
盱眙
鵲尾坡
新野
汝
潁
水
東城
樊城
豫州
（汝南）
水
揚州
寿春 淮南
（南京）
紫金山
襄陽（荊州）
檀渓
峴山
合肥
逍遥津
居巣
東関
馬鞍山
牛渚
巣湖
濡須水
松滋
蕪湖
美渓
石亭
長坂
当陽
漢川
夏口
三江口
荊州（南郡、江陵）
沔口
江夏
（郢州）
烏林
樊口
樊山
蘄春
廬江
（皖城）
宣城
涇県
長江（揚子江）
潯陽江
公安
華容
赤壁
富池口
柴桑
孱陵
陸口
巴丘
洞庭湖
鄱陽湖
贛江
南昌
豫章
呉
湘
水
長沙

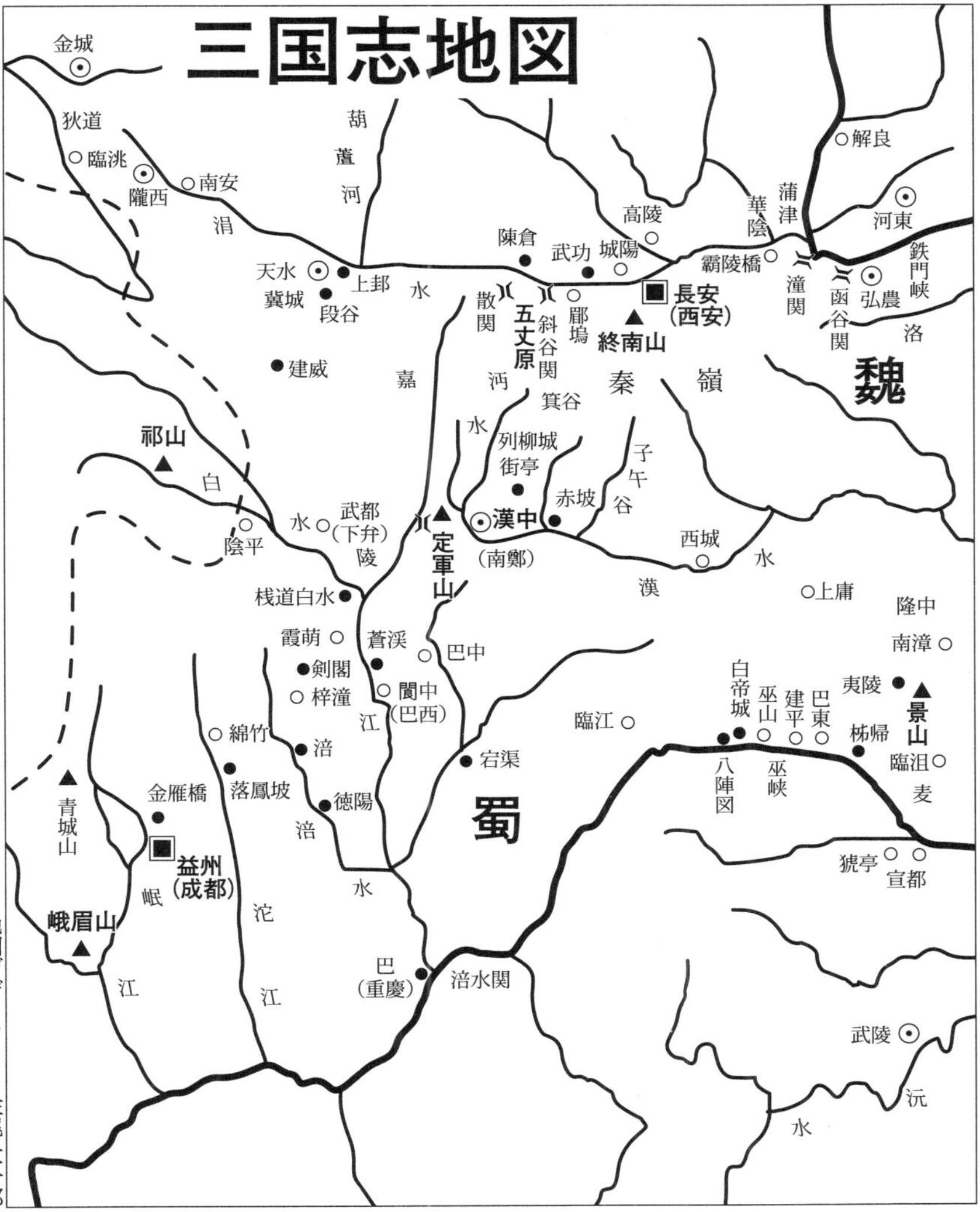


地図デザイン……佐尾太一郎

序章

# 素の曹操

## ◆その人を知ることは難しい

「あんな傲慢《ごうまん》なやつが――」

丞相《じょうしょう》・魏王《ぎおう》だと……。曹操《そうそう》（一五五～二二〇）が王位についた時、かれによって滅ぼされ、併合された華北《かほく》の人々は、一様に信じられなかったであろう。虚喝《こけおどし》にもほどがある、と内心、憤《いきどお》ったにちがいない。

この男は死後、さらに魏の武帝・太祖武皇帝《たいそぶ》と、仰々《ぎょうぎょう》しく呼ばれることになる。

後漢帝国の末期に忽然《こつぜん》とあらわれ、乱世となっていた中国大陸の、幾多の英雄豪傑と鬩《せめ》ぎ合い、三国鼎立《ていりつ》といいながらもその実、大陸のおよそ三分の二を二十四年で制圧した。わずかに残った蜀と呉のうち、曹操の孫（魏の五代・元帝）＝曹奐《そうかん》の代に蜀を吸収合併し、魏の後継国家・晋《しん》が呉を滅ぼしてしまう。

それにしても、なぜ、曹操という男はあれだけの偉業を成し得たのか。そう疑問に思う同時代人が、きわめて多かったのは確かである。

姓は曹、諱《いみな》（本名、生時の名）は操。字《あざな》を孟徳《もうとく》といったこの男は、世が乱れて三十二年、諸方に群雄が割拠《かっきょ》し、攻めぎあっている状態が普通となっていた世の中を、わずか二十四年で魏建国に導いた。そして、大陸統一の方向を示したのである。

『三国志』の著者・陳寿《ちんじゅ》（二三三〜二九七）は、「非常の人、超世の傑《けつ》」と戸惑いながら記している。末尾には、明らかに「？」がついていた。

陳寿のみならず、その偉業が信じられない人が多かったのもうなずける。とくに、この人物と一度でも会ったことのある人ほど、現実が絵空事のように、いかがわしく思えたことだろう。曹操の凄味は、外見からは察しがたかった。

たとえば、三国志の一の強者・呂布《りょふ》などは、後年、曹操と戦場で見《まみ》えたとき、

「敵はあいつか――」

と、あざ笑った。

◆曹操肖像画『月百姿 南屏山昇月 曹操』より

なるほど、呂布の本拠地・濮陽《ぼくよう》（現・河北省濮陽市南）に攻め込んだ曹操は、落馬したうえに、手に火傷《やけど》をおい、呂布の騎兵に捕えられながら、相手が捕えた人間が曹操とは分からず、

「おい、曹操はどこにいる」

と聞かれ、すかさず、

「あの黄色の馬に乗って、逃げていくのが曹操だ」

と教えて、それによって生命《いのち》拾いをしたこともあった、と『三国志演義』は話を創っている。

「あいつはすぐ、逃げるんだ、とにかく貧相なやつだ」

とも、呂布は馬鹿にしていた。

人の世の難しいのは、ここにあった。人はその人のむかしを知っている、ということで、その人のその後も含め、すべてを知っているとの錯覚を持ちやすい。呂布もそうであった。が、そのためにかれは結局、曹操に大敗してこの世を去ってしまう。

たしかに、曹操は門地《もんち》に恵まれず、むしろ世間からは蔑《さげす》まれ、忌み嫌われる苦境の出自《しゅつじ》（でどころ）から出発し、世に出ていた。しかもかれは、先のエピソードが示すように、個人の外見、容姿にも恵まれなかった。

現代日本でも、見栄《みば》えは人生成功の、重要な要素に数えられている。人前に出たときの風采《ふうさい》＝押し出しは、いずれの世界でも大きな武器である。まして、三国志の時代は外見、容姿はより以上、極めて重大な価値をもっていた。

## ◆押し出しこそ、英雄の条件⁈

たとえば、司馬遷《しばせん》（紀元前一四五〜紀元前八七？）の『史記』、班固《はんこ》（紀元後三二〜同九二）の

『漢書《かんじょ》』につづいて、三世紀末――中国の史書としては三番目に登場した『三国志』(正史三国)の著者、前出の陳寿は、史伝を書くにしては奇異なほど、登場人物の風采・容貌にこだわった人であった。

ついでながら、三国鼎立時代の前＝後漢の歴史は、『後漢書』として、五世紀に南北朝の宋の范曄《はんよう》(三九八～四四五)によって書かれている。こちらが、四番目の史書となった。

陳寿は三国のうちで、一番早くに滅びた蜀の下級役人であった。のちに晋に仕え、晋の重臣・張華《ちょうか》に見い出されて史官となり、二八〇～二九〇年ごろ、史書『三国志』を執筆・完成させていた。

さて、容姿である。曹操の宿命のライバルとして、その行く手に大きく立ちはだかる袁《えん》紹《しょう》について、陳寿は袁紹の父祖のきらびやかな略歴を述べたすぐあとに、「(袁)紹は姿貌《しぼう》威容有り」――威厳に満ちて堂々として、恰幅《かっぷく》もよかったと記していた。

のちの俗語小説『三国志演義』では、主役となる劉備《りゅうび》についても、その身長をわざわざ七尺五寸(漢代の一尺＝約二十三センチメートル換算で、約百七十二・五センチメートル)と書き止め、諸葛孔明の八尺(約百八十四センチメートル)も述べて、二人ともに、平均百五十センチほどの当時の人々に比べ、偉丈夫であり、押し出しの立派な人物であったことを、あえてことわっていた。

これは当時の常識――世上では、優れた人物はそれに応じた立派な外見・容姿が備わっているはずだ――に拠っていた。曹操と覇を競った呉の孫権《そんけん》も、「形貌奇偉《けいぼうきい》」とあった。かならずしも、偉丈夫である必要はなかったようだ。世の人々を驚かすような、一度見たら生涯忘れないような外貌《がいぼう》でも、英雄豪傑には合格した。

ところが曹操に関して、陳寿はその見掛け(外観)について、何も語っていない。曹操は平々凡々とした、どこにでもいるような外見・容姿であったのだ。さぞ、常識人の陳寿は理解に苦しんだことであろう。

のちに大宋国――といっても、中国大陸の半分＝南宋――の劉義慶《りゅうぎけい》の著した『世説新語《せせつしんご》』(逸話集)に、歴史上の人物の容姿についてまとめた「容止《ようし》篇」があったが、ここでは魏王・曹操は、見栄えのしない己《おの》れの容貌が、匈奴《きょうど》の使者に侮《あなど》りを招くのではないか、と危惧し、部下の中からそれらしく見える人物を選んで、身代わりに立て、自身は刀をたずさえて、その脇に立って使者を出迎えた話が載っている。『世説新語』の注では、「姿貌短小《しぼうたんしょう》」＝貧相だ、と曹操はわざわざ記されていた(『魏氏春秋《ぎししゅんじゅう》』)。

さて、匈奴の使者の形式的な謁見が終わってのち、曹操がさりげなく使者に、魏王の感想を尋ねさせると、この使者はなかなかの人物であったようだ。

「魏王はさすがに立派であられたが、その脇で刀をもって立っていた人物こそ、まさに英雄というべき人でしょうな」

と、思うままの感想を述べた。

すると曹操は、それを聞くや使者を追いかけて、殺せ、と命じたというのである。

詳しくはこれからみるが、出身――出自の良さは、今なら家柄と共に、高学歴、価値ある学閥といえるかもしれない――にも、曹操は恵まれていなかった。

否、マイナスの出自といってよい。

## ◆〝傲慢《ごうまん》さ〟の心底を支えたもの

個人としての風采もあがらず、門地《もんち》（家柄）もダメ。前述の匈奴の使者に対して、身代わりを立てようとする気の弱さもいかがなものか。正体がばれたのではないか、と危惧し、慌てる様子も。三国志の梟雄《きょうゆう》（強くて、性格のわるい英雄）としてのイメージと史実の曹操には、おそろしくギャップがあった。

さらにやっかいなのは、かれの心もとない性格は、外見だけではなく、能力・手腕の点にも「？」がついたことだ。曹操には、一軍の軍師・参謀がつとまるほどの才覚もなければ、一騎当千の兵《つわもの》になれるだけの腕力・体力もなかった。

ただ、それでいて、見るべき人＝匈奴の使者がみれば、見分けのつく非凡さを、曹操は備えていたという。果たして、その非凡の本質とはいかなるものであったのだろうか。

筆者《わたし》は、曹操の持ち味である〝傲慢《ごうまん》さ〟こそが、すべての源だったと考えてきた。

ここで読者諸氏に誤解をされると困るのは、かれの「傲慢」は額面通りの「おごり高ぶって、人をあなどる」ことをいうのではなかった。曹操は嫌《いや》というほどに、さえない自分を熟知していた。「汝《なんじ》、自らを知れ」である。

曹操は自らを知っていた。だからこそ、全身が震える恐怖の中にありながら、それでもなお満身に力を込めて、無謀な勇気を貫こうとする一面を、かれは持ちつづけたのである。その心情は必死に、己れの本性を見抜かれまい、侮《あなど》られまいとするあまりの、一生懸命に完全武装した虚勢のイメージが、スタート時点であったろう。「倨傲《きょごう》」(偉そうにすること)、ハッタリと言い替えてもよい。

世間ではよく、「幸運の女神には、後ろ髪はない」という言葉を耳にする。後ろ髪がないなら、幸運をつかむには、前髪をわしづかみにするしかなかった。

これは女神だけではなく、鬼であろうが怪物であろうが、はたまた上司であっても、敵であろうとも、道理は同じことである。そうした決然とした行動、正面に出る勇気は、なみたいていの心掛けでは手に入るものではあるまい。

だいぶ以前のことながら、米国陸軍の『ミリタリー・リーダーシップ』(Military Leadership,1965)という文献を目にしたことがある。

指揮官のリーダーシップ=統御について述べたものであったが、内容的には日本の旧帝国陸軍のそれと、かわるところはなかった。

指揮官は日々の行動を通じて、部下から尊敬され、信頼され、自発的に従いたい、誠実に協力したい、と思わせる人格が必要である、という意味のことがくり返し書かれていた。

つまり、統御の資質とは、〝人格〟だという。曹操の本性を検討するまでもなく、難しいのは人格にもさまざまな型（タイプ）が存在したことだ。明らかにいえることは、部下は上司の発揮する型に応じて、各々異なった反応を示すことである。部下が指揮官に対してとる態度は、常に指揮官の資質によって、左右されるといえる。

その部隊――チーム、プロジェクトといい換えてもいい――に課せられた役割や使命を達成することに、かかわった人々が積極的であるか、消極的であるかは、一《いっ》に指揮官の態度によってかわるということになる。

つまりリーダーは、自分の人格がどのような効果を部下に及ぼすかを、あらかじめ熟知していなければならない。反省と点検であるが、曹操は己れに対するコンプレックスの中から、常に〝素〟の自分と向き合う勇気をもっていた。

そのためには、〝傲慢さ〟が不可欠であったのだ。

『論語』『大学』『中庸』と並び、儒学の〝四書《ししょ》〟に数えられる『孟子』に、理想の人間像として、「大丈夫《だいじょうふ》」が定義されている。すなわち、

「富貴も淫《いん》する能《あた》わず。貧賤《ひんせん》も移《うつ》す能わず。威武《いぶ》も屈《くっ》する能わず。此《こ》れを之《こ》れ大丈夫と謂《い》う」

意味はわかりやすい。いかに富貴の快楽をもってしても、その精神を溶かして堕落《だらく》に導くことができず、いかに貧賤の苦しみ＝逆境に追い込んでも、その道義の志を変えることができず、さらにいかなる権威、武力でおどしつけても屈することがない。こういう不屈の男子を、大丈夫という。

では、なぜ「大丈夫」は屈しないのか。『孟子』にはこの「大丈夫」の前提が、次のように述べられていた。

「天下の広居《こうきょ》に居《お》り、天下の正位《せいい》に立ち、天下の大道《だいどう》を行く」

## ◆「大丈夫」の条件

こちらは少し、難解である。天下の広い住まいというのは、儒学では〃仁〃の道を指した。〃仁〃の道ほど安泰な住まいはない、と孟子はいう。そして、天下の正しい位とは〃礼〃のことであり、自分が礼の道を間違えずに生きていれば、決して他人からとやかくいわれることはない。したがって、これほど正しい立ち位置はないのだ、となる。

礼に立っていること＝「正位に立つ」――そのうえで、「大道」＝〃義〃に従って人生を歩いていけば、これに勝る生き方はこの世にない、ということになる。

しかし、それほど胆《はら》のできた人間は、そうはざらに、世の中に存在しない。かりに「大丈夫」を目指して努力したとしても、人には各々の性格＝型（タイプ）があった。

先の『ミリタリー・リーダーシップ』には、幾つものリーダーの条件が列記されているが、それらの項目の中で、最も注目すべきものとして、筆者は「態度」（attitude）をあげていた。おそらく、リーダーシップに関する資質の、最も基本の要素は、この「態度」であろう。「人格」と、いいかえてもよい。

日常の生活態度――挙措進退《きょそしんたい》――つまりは身の動かし方、振舞《ふるま》い、言動、声の調子やしゃべり方、目配りのし方や動作など、身体的表現及び気分、〝気〟の持ち方を含む、総括的なものすべてである。

服装や所持品も、そのなかに入るだろう。歩き方、挙動。オッチョコチョイなのか機敏なのか。鈍重なのか、悠揚《ゆうよう》迫らざるものがあるのか。能力や自信の有無も当然、「態度」には明白にあらわれた。

十七世紀の初頭に活躍したイギリスの政治家ロバート・セシル（初代ソールズベリー伯）は、

「模範は訓言《くんげん》よりも力強し」

といったが、リーダーは部下に説教をするのではなく、常日頃から、自らをもって部下に対して模範を示せ、その方がはるかに大切である、との意想《いそう》。日本では「背中で教える」という、いいならわし方をして来た。態度で示す＝示範《しはん》は、最大の教育姿勢でもある。

「親の背中をみて子供は育つ」

であった。自分も実践できていないのに、正論をいくら並べても、部下はついてこない。「あなたには、いわれたくない」と内心は思うものだ。それでは意は、通じない。

かといって、できないことを自覚して、正面切っての説教をやめて、皮肉やあてこすりでいいたいことをカバーすればどうなるか。多くの場合、部下はそのいわんとするテーマの意味がわからぬまま、皮肉やあてこすりをいわれたポイントだけを記憶する。したがって無意味であり、無駄となる。

冗談をいう、というのも同断だ。ユーモア（諧謔《かいぎゃく》）とウィット（機智）の効用は、確かにある。優秀なリーダーはこれをよく心得ていて、当意即妙《とういそくみょう》に使う。これからみる曹操も、実にタイミングよくユーモアやウィットを活用している。

とりわけ部隊（チーム・プロジェクト）がダメージを受けた時、障害に直面した時、想定外の事態に遭遇した時、機智に富んだユーモアは極めて効果的である。

一時の緊張をやわらげ、救いとなる。が、冗談はユーモア、ウィットとはちがう。

たとえ気のきいた冗談でも、補佐役やナンバーツーの立場の人間ならいざしらず、リーダーが度々、冗談を連発するようでは、部下もついにはそれにならされて、冗談半分の受け答えをするようになり、そこに思わぬ弛緩《しかん》、罅割《ひびわ》れが生じ、やがてそれが部隊全体の墓穴をほることとなる。

統御は洋の東西を問わず、〝春風駘蕩《しゅんぷうたいとう》〟——ゆったりとした許容的な態度が、最も部下には受ける。信頼もわく。〝懐《ふところ》の深さ〟は部下を掌握するのにふさわしい、基本的要素といえる。が、これにも限度はあった。あまりにもやさしすぎると、そこにゆるみが生じ、規律が守れなくなる。冗談とは別の、歪《ゆが》みが生じてしまう。

## ◆「態度」が人望を生む

要は上に立つものの、自己をコントロールできるか否か、にリーダーシップの命運はかかっていた。自らをコントロールできない人間に、他人をコントロールすることはかなわない。難しいところだ。

なるほど節度のない、品位を欠いた言動は、部隊（チーム・プロジェクト）全体に不利な結果をもたらしやすい。

無用に部下に当たりちらせば、部下はその受けた罵声に対して反感をいだき、冷静な判断をせず、感情論に傾いて、不和や口論が多くなり、やがては抵抗・反抗の姿勢をとる。どなりつけられれば、人はこれを人身攻撃と受け取り、本来のしかられた内容を忘れ、憤懣《ふんまん》やる方ない思いを抱く、と考えるべきであろう。

かといって、戦場のような危急存亡の秋《とき》に、リーダーが叱咤激励できなければ、部下は闘志や勇気がわかず、成果をあげることはできない。局面によっては、生還がおぼつかなくなってしまう。〝いざ鎌倉〟というときには、乱暴な言葉や激烈な行動も必要となる。寛厳をどこで見極めるのか――主観的、独善的になっていないか、つねに自省し、つねに客観的な判断をしなければならない。

これこそが「態度」の本質であり、ディグニティ（dignity）＝威厳の源ともいえる。ただし、この〝威〟は肩肘はって威張りちらすこととは異質なものである。

人格の中枢にある人間性の尊厳が、自然ににじみでていなければならなかった。この〝威〟を得るためには、行為と感情の抑制を自らに課し、強い意志力、自制心を維持しつづけなければならない。部下からすれば、ある種の畏敬の念――あの人のようには成れないけれど、あの人のように成りたい――といった、尊敬の思いこそが人望力となった。

自己の内なる人間性を大切にすることが、自敬の念を生む。この自敬の念が、他の人々の尊敬する感情をひき出し、ひろげるのである。

いいかえれば、自分で自分を粗末にする人に、どうして他人が尊敬の念を持つだろうか。

世の中には、騒々しく大声をはりあげ、酒を飲みすぎて羽目をはずし、あるいは感情の抑制ができなくて、だらしのない自分の姿をさらすような振舞いをする人がいる。その人間の〝弱さ〟を正直に出すことが、人望の秘訣だ、と述べるものもあるようだが、他人なかで冷笑されるような指揮官に、部下は決して尊敬の念をもったりはしない。親しみやすさは大いに抱くかもしれないが、それ以上のものでは決してないのである。

威厳や品位に欠けて脱線するリーダーが、それでも部下にしたわれる場合があるとすれば、外見でみえるマイナスをカバーする説得力――天才性、先見性、専門性を備えている場合のみであろう。凡庸な人ほど、迷い込みやすい隘路《あいろ》（せまくて険しい、こえにくい困難な道）かもしれない。自分にやさしく、他人に厳しい者に、他人は決してついてはいかないものだ。まして生命《いのち》懸《が》けで統御をうけることなど、あり得ない、と知るべきである。

リーダーとしてのふさわしい「態度」は、およそ次のようになる。

一、外見や品行が他の模範であること
二、野卑、下品な言動をしないこと
三、飲酒交際に節度があること
四、性格が極端に走らないこと
五、常に品位のある身だしなみを維持すること

この五つの条件をクリアすれば、人は誰でもリーダーとしての人望力をもつことができる。が、「大丈夫」がそうであるように、普通にしていてこの五条が実践できる人はまず、いない。

曹操しかり、である。

## ◆勇気こそ、生命懸けの〝傲慢さ〟

では、どうすれば「態度」、「人格」、〝春風駘蕩〟〝懐の深さ〟といった人望力が得られるのか。曹操の場合はこれこそが、生命懸《いのちが》けで示した〝傲慢さ〟であった。

普通にいえば、〝勇気〟である。勇気こそが、自らを鍛え、磨くことができる武器であった。危険や恐怖、あるいは非難や中傷にさらされたとき、人はかならず恐怖心をもつ。これは生理的な反射作用といってよく、人に例外はない。

考えてみるとよい。危機に直面して、恐怖心が湧き上がってこなければ、どうやってわが身や周囲を、その対象から守ることができるのだろうか。本能的な自己防衛機能が作動した、と思えばよい。問題なのは、この恐怖心をダイレクトに受け止めてしまうと、心身ともに動転して、冷静で客観的な判断ができずに、的確な対処ができなくなってしまう。

戦場ではそれはそのまま、死に直結した。恐怖心は作動しても、その震えを止め、対応しなければならない。この心身ともに冷静で客観的な処理をする「態度」こそが、勇気である。克己心、自己に打ち勝つことができなければ、勇気を手にすることはできない。

この勇気は、頭デッカチの秀才や試験に巧みにパスする頭脳をもってしても、容易に手に入れることはできなかった。求められるのは危機そのものに直面する回数であり、決してその現実から逃げない心の強さ――。

なぜならば、危機は百回遭遇すれば様相は百回異なった。その都度、対象のエネルギー、スケールはちがう。こちらの立場も、ケースバイケースである。

　どのような不利な現場、条件の劣悪な環境にあっても、与えられた権限の中で心身を正常にたもち、冷静な態度をとって、目前の苦境を直視し、それに耐え忍んで統御を遂行する――真の勇気とは、忍耐力によって支えられているといっても過言ではなかった。

　曹操の忍耐力の根源は、明らかに自己のコンプレックスであり、押しつぶされそうになりながらも――否、押しつぶされそうになるからこそ――満身の力を込めて、生き残るために発揮した、無謀なまでのエネルギー＝勇気であった。虚勢だと先に述べたのは、まさにこれであったといえる。

　かれは生命《いのち》懸《が》けの〝傲慢さ〟を発揮するため、自らを鍛え、「態度」「人格」を磨き、〝懐の深さ〟＝人望力を身につけていった。その結果、己れよりすぐれた人々を寛容に、その麾下《きか》に集めて鎧《よろ》うことができた。併せて、ありとあらゆる方法を駆使して情報を入手し、分析し、勝つこと――曹操の場合は挑戦すること――に、徹底してこだわりつづけた。

　そして、多大な不安と肌寒さ、震えのあった自分を、必死に成長させたかれは、ついに事実上の〝天下〟をその手中とする。

　ここで興味深いのは、三国志の時代、己れの野心をとげるため、ひたすら〝傲慢さ〟を発揮した曹操が、かたわらに常に、兵法書『孫子』を置いていた史実である。

「(曹操は)群書を博《ひろ》く覧《み》、特に兵法を好み、諸家の兵法を抄《ぬきがき》し、名づけて『接要《せつよう》』と曰《い》う。また『孫武』十三篇に注す」(孫盛《そんせい》『異同雑語《いどうざつご》』)

のみならず、かれは実戦の中で『孫子』を具体的に活用し、その戦果に反省を込めて、自らのコメントの注を述べることで、自己流の『孫子』を後世に残していた。

――『魏武帝註孫子《ぎぶていちゅうそんし》』という。

本書では、国会図書館の蔵書である、明治十四年(一八八一)に出版された鹿又常《かのまたつね》の校點《こうてん》による『魏武帝註孫子』上・中・下巻を使用した。

「将たるものは、五つの人格(徳性)を自ら磨いて、常に自分のものにすべく心がけるべきだ」(始計篇)

「要するに、将さえ〝賢〟であれば、国家は安泰なわけだ」(作戦篇)

「それはいい質問だな」(九地篇)

「窮鼠《きゅうそ》、猫を嚙《か》むんだよ。人は追いつめられると、死にもの狂いとなり、意外な馬鹿力を発揮するものだぞ。また、そうでなければ戦えないよ」(九地篇)

といった塩梅《あんばい》である(本文の『魏武帝註孫子』の、曹操のコメントは、筆者の意訳による。以下同じ)。

## ◆『孫子』あればこそ

兵法書として『孫子』は、史上最高のものであったが、曹操はこの兵法書をさらに磨《みが》き高めていた。たとえば、袁紹軍七十万に対して曹操軍七万で挑んだ、〝天下分け目〟の官渡《かんと》の戦い（現・河南省鄭州《ていしゅう》市中牟《ちゅうぼう》県の東北十二里）において、曹操はそれまでの常識＝〝衆寡《しゅうか》は敵せず〟を否定し、〝衆寡《しゅうか》は敵す〟で劇的な勝利をあげている。

『後漢書』や『資治通鑑《しじつがん》』（北宋の司馬光《こう》編、戦国時代から五代末にかけての史書）に拠れば、歴史的事実は、袁紹軍十万に対して曹操軍は二万余であったとあるが、それにしても、小よく大を制したその大勝利は動かない。

ヨーロッパを席捲《せっけん》したナポレオン・ボナパルト（一世）は、敵軍に対して常に優勢な、少なくとも著しく劣勢でない軍を集結し得てこそ、戦いは勝利となる、と述べていた。

近代兵学の祖といわれる、プロシアのクラウゼヴィッツは、いかに優れた将帥《しょうすい》（トップ、リーダー）であっても、二倍の兵力を有する敵には抗せず、敗北を喫すると主張している。〝衆寡は敵せず〟であった。

それを曹操は、みごと世紀の一戦でひっくり返したのである。

かれは一方で、兵法の理論家でもあったのだ。否、兵学で自らを鍛えた実践家というべ

きかもしれない。『三国志』の注を述べた裴松之《はいしょうし》（三七二～四五一）は、

「少《すくな》きを以《もっ》て奇を見《しめ》す、其の実録に非ず」

と記し、曹操本人が、

「自ら兵書十万余言を作る」

と述べていた。

ついでながら右の裴松之は、南北朝時代の宋の文《ぶん》帝の重臣である。ときの文帝より、陳寿の『三国志』は「良史ではあるが、簡略にすぎる」、わかりにくいと評され、その補注を命ぜられた人物。かれは陳寿の本文と、ほぼ同じ分量の加筆を『三国志』に施《ほどこ》した。ちなみに、裴松之が己れの注を完成させたのは、元嘉《げんか》六年（四二九）のこととされている。

残念なのは、かれが調査した曹操の「兵書十万余言」が、歴史の大波にのみ込まれて、後世に伝えられなかったことだ。曹操の〝傲慢さ〟を、より細かく分析できたかもしれない。しかし、この覇王の手による『孫子』＝『魏武帝註孫子《ぎぶていちゅうそんし》』は現存している。

『孫子』の原著者は、春秋時代（紀元前七七〇～同四〇三）の呉《ご》王・闔閭《こうりょ》（闔廬《こうろ》とも　在位・紀元前五一四～同四九七または同四九六）に仕えた、呉をにわかに強国とした孫武《そんぶ》だとされている。孫子はつまり、孫先生の意である。

孫武は斉《せい》国（現・山東省）に生まれたというが、名の「武」は貴族の死後に、王から贈ら

れる「諡号《しごう》」（仏教でいう戒名）とも考えられ、敬称とされる「客卿《かっけい》」も、他国から来て重臣となった人の通称であることから、孫子の本当の名前はいまなお、確定してはいない。

ただ明らかなことは、国内の争乱を避けて、孫武が呉国にいたったことである。

「孫武は、史官（歴史を扱う官吏）ではなかったか」

筆者はずっと、疑ってきた。

孫武と重なる時代に編纂された、魯国《ろ》の史記『春秋左氏伝』には、魯以外の晋《しん》・斉《せい》・鄭《てい》・宋《そう》などの内幕や君臣の言行が書き止められているが、これらはことごとく魯への亡命者によってもたらされたもの。あるいは逆に、魯のスパイが各国へ潜入して、集めた情報によって記述されていた。孫武が史官ならば、おそらく同様のルートから、〝歴史〟を入手していたにちがいない。

かれは明らかに、当時の天文学と暦法をマスターしており、一般には天変地異ととらえられていた自然現象を、あの時代としては最先端の科学性をもって、眺《なが》め、予言することができたのではあるまいか。

加えて、過去の歴史史料にも精通しており、それらを総合した〝諸子百家〟の中の兵家、それも「孫氏の道」（孫氏学派）を極めた――あるいは、打ち立てた――人物であったにちがいない。

日本の昭和四十七年（一九七二）、中国の山東省臨沂《りんぎ》県（現・臨沂市）の銀雀山《ぎんじゃくざん》漢墓から、前漢初期の竹簡が大量に出土して、大騒ぎになったことがあった。

現存する十三篇の『孫子』と、ほぼ重なるものに加えて、これまで殆《ほと》んど知られていなかった孫臏《そんぴん》という人の、大量の兵書が含まれていたのである。

## ◆『魏武帝註孫子』の威力

この発見によって、孫子が二人いたことが明確となった。

一方の孫臏は、六国《りっこく》（楚《そ》・斉《せい》・燕《えん》・韓《かん》・魏《ぎ》・趙《ちょう》）が覇権を争った戦国時代（紀元前四〇三〜同二二一）の、斉の人であり、先の孫武より百五十年以上ものちの、紀元前三四〇年頃、ほぼ孟子《もうし》と同時代の——やや先輩といった——人物とのこと。

ついでながら、中央集権——法をもって刑罰や徴収、労役などを運営するシステム＝〝諸子百家〟の法家をもちいて、官僚組織を運営させた——によって、奇跡としかいいようのない大陸の統一を成し遂げたのが、秦の始皇帝であった。

かれが当時、大陸に五千万いたと推定される人々を、包みこむ方法を、法家に求めた。

このことは、のちの曹操の建国と大いに関係あるのだが、ここではふれない。

——話を、銀雀山に戻す。

ここから出土した竹簡により、二人の孫子を合わせて、やはり「孫氏之道」と称する記述、呼称の単語がつかわれていたことが明らかとなった。軍事思想やその理論を専門とする兵家は、間違いなく存在していたわけだ。

すでにみた、二番目の中国史書『漢書』を記した班固は、『漢書芸文志《かんじょげいもんし》』という世界最古の図書目録も残しており、約六百の書名を書き止めていたが、このうち「兵書」（兵権謀家類）は五十三種に及び、全体の約一割に近い地位を占めていた。

もとより、孫武の「呉孫子兵法」八十二巻・図九巻と、孫臏の「斉孫子兵法」八十九巻・図四巻も含まれていた。もっとも、班固よりさらに約二百年遡《さかのぼ》った前漢帝国の初期、劉《りゅう》邦《ほう》（高祖《こうそ》）を補佐した軍師・張良《ちょうりょう》や名将・韓信《かんしん》などは、兵書百八十二種を整理した、とも伝えられているが、そのほとんどは今日に伝わっていない。

残念ではあるが、筆者はかつて現存する〝武経七書〟――『孫子』『呉子《ごし》』『尉繚子《うつりょうし》』『六韜《りくとう》』『三略《さんりゃく》』『司馬法《しばほう》』『李衛公問対《りえいこうもんたい》』――を詳細に検討した結果として、極言、『孫子』一冊あれば、すべての兵書を代表できる、と確信したことがある（参考文献参照）。

さらに重要なことは、この二十一世紀の今日まで現存してきた『孫子』の主流は、厳密にいうと、『魏武帝註孫子』――すなわち、曹操の手による注釈つきの『孫子』であったことだ。

曹操は片時も『孫子』を手放さず、思いついては事あるごとに、要所要所に簡潔な走り書きをしたような、片言隻句《へんげんせっく》を残した。

「戦術に決った型などありはしない。臨機応変に相手を詭詐《きさ》し（偽《いつわ》り）、とにかく勝つことだ」（始計篇）とか、「『司馬法』によると、一軍は一万二千五百人だ。五百人の大隊を一旅団としていたわけだ」（謀攻篇）とか。

実地に軍勢を指揮するかれは、自らの兵学を短く、思いついたおりに、書き止めていた。

——曹操の足跡は、史書に明らかである。

ならば、生涯を戦いの中で生きたかれの言動を追えば、己れの生死を賭《と》して汲み取った勝利への一字一句、『孫子』の片言隻句の注も、実戦経験に裏打ちされて、より具体的に理解できるにちがいない。

そのように考えれば、『魏武帝註孫子』＝現存『孫子』は、不思議な生命力をもった兵法書といえる。たとえば、『孫子』の謀攻篇に、

「故《ゆえ》に用兵の法は十なれば則《すなわ》ちこれを圍《かこ》み——」

とあるのだが、曹操は己れの注で、

「十倍の数で敵を包囲するのは、相手の実力がこちらと等しい場合である。相手が弱ければ、かならずしも十倍の兵力は必要ない。二倍でもよい」

といい、前述の呂布《りょふ》を生け捕りにした実体験を述べていた。

中国には歴世、『十一家註孫子』といわれる十一人の『孫子』の注釈書が伝えられている。筆頭が曹操であり、梁の孟氏・唐の李筌《りせん》・杜佑《とゆう》・杜牧《とぼく》・陳皡《ちんこう》・賈林《かりん》、宋の梅堯臣《ばいぎょうしん》・王皙《おうせき》・

何延錫《かえんし》・張預《ちょうよ》の十一人。杜佑をはずして十家とする場合もあるが、いずれにせよ曹操以外はすべて、実戦経験のない机上の注釈者であった。

## ◆『孫子』は盤《さら》の中の球

一人、かりの例外を求めるならば、唐代の注釈者・杜牧《とぼく》（八〇三～八五三）であろう。かれは軍事は素人だが、政治は多少のプロであり、たんなる学者とはちがっていた。「ありとあらゆる兵事の勝敗は、一千年前の孫武の著書十三篇の述べていることに符合する」――そのかれもいい切っていた。

しかも杜牧にも、曹操に劣らぬ若き日の放蕩磊落《らいらく》な生活があった。杜牧は右の十一人の一人、『通典《つてん》（つでん、とも）』（二百巻・古代から唐にかけての政治・経済・軍事・礼楽《れいらく》の百科全書）を編纂した、杜佑《とゆう》の孫でもある。

後世、杜牧は項羽《こうう》と劉邦の戦い――その一方の英雄・項羽の最期《さいご》をうたった「烏江亭《うこうてい》に題す」という七言絶句の作者として、有名になった。

三十七歳の杜牧が地方官をつとめ、新たな公務に就くため、舟で宣州《せんしゅう》（現・安徽《あんき》省宣城《せんじょう》市）から揚子江（長江）・漢水（漢江）を遡《さかのぼ》って、長安の都へ赴く途中、烏江亭《うこうてい》（現・安徽省北東の宿駅）に立ち寄り、往時を偲《しの》んでうたったものである。

かれは実際に兵を率いたことはなかったが、門地出自に恵まれ、ときの宰相に意見書を献策するだけの、実行力のある人物であった。経綸家《けいりんか》といってよい。政治・行政に『孫子』を実践したという意味で、ほかの学者たちとは異なっている。

その杜牧が、〝諸子百家〟の兵家をどうみていたか。

「国家の興亡は、すべて軍事に始まる。軍事こそ国家を治める者にとって、もっとも重要な事柄ではないか」

と述べており、それゆえ自ら、「十数家百万言にのぼる古書の有益な兵書」を集めて検討した結果が、『孫子』にすべて述べられていた、と断じていた。さらにかれは、

「もともと、この書（『孫子』）の編者である曹操の注も、すべて留めることにした」

と己れの注釈書に、わざわざ書き止めている。

杜牧は、自らの注釈（曹操のも含む）を読めば、

「あたかも盤《さら》の中で球を転がすごとく、容易に兵法を学ぶことができる」

と、自信のほども語っていた。ただし、次のように付言している。

「盤の中の球は自在に転がるものだから、そのときどきに臨機応変の処置を忘れてはいけない」

とも。さらには、「球を盤の外に出してはいけない」――つまり、『孫子』の原理・原則から外れるようなことはしないように、と念を押していた。

もし、球が盤から転げ落ちてしまった場合は、どうなるのか。勝利に導く原理・原則は、その枠からはみ出てしまう。つまり、兵法の埒外《らちがい》となる、と断った。

この杜牧の思いは、そのまま曹操の心中と同じであったといえる。

のみならず、『孫子』は時代と国境を超えて、普遍性をもっていた。

中国の歴史において、世界最高の兵書と認められた『魏武帝註孫子』は、ヨーロッパ全土を征服しようとしたナポレオン一世も座右の書としており、第一次世界大戦をひき起こしたドイツ皇帝ウィルヘルム二世は、敗れてのち『孫子』の存在を知り、

「この書物を、二十年前に読んでいたならば……」

と、自らのうかつさを述懐している。

さて、その『魏武帝註孫子』をかたわらに、曹操の生涯を具体的にみていこう。

世にいう、成功者の共通点とは何か――端的にいえば、己れの不利や欠点＝コンプレックスを、反発・屈伸のバネとして、利点・長所に変えたところ。

勇気をもって自らと向き合い、反省しながら、結果として、独特の「風柄《ふうがら》」（なりふり・人がら）を創り上げ、「態度」「人格」を磨き、人望力をもって周囲にそれらを認めさせた。

換言すれば、「風気《ふうき》」（気風・すぐれた精神・上品な人がら）は、欠点を長所に変えることによって生まれたわけだ。最大の欠点は、最大の長所に通じている。短所を嘆いてはいけない。曹操の場合、「風柄」・「風気」を創り上げた、長所の集大成＝人望力は、自分への正直

さ、臆病さにあった、と筆者は思っている。
風采、外見については、すでにみた通りである。

## ◆痛ましいまでの臆病さ

陳寿は曹操の青年時代を簡潔に、次のように述べていた。まさに、この言に尽きたな、と筆者などは陳寿の表現力に脱帽したものだ。

「太祖（曹操）少《わか》くして機警《きけい》、権数あり、而《しこう》して俠《きょう》に任《まか》せて放蕩《ほうとう》、行業《ぎょうごう》を治めず」

ここでいう「機警」は、物事の悟りが早いこと。ただし、〃警〃はいましめる意味の〃敬〃と、ことば＝〃言〃から成っている。積極的に前に踏み出すのではなく、引いて自らをいましめる、つまり、うしろ足に比重のかかった、心をひきしめて備える、自らをまもるのが〃警〃といえようか。

「権数」は権謀術数の略――すなわち、たくみに他をあざむくはかりごと。権謀は、権変《けんぺん》の謀略の意。術も数も、ともに目論《もくろみ》、企《くわだ》てることである。

筆者はこの「機警」と「権数」に、意外にも曹操の、痛ましいまでの本質、その正直なまでの臆病さを読みとく思いがした。

世に出たかれは、敵と対峙した場合、つねにあらゆる材料を自分の傲慢《ごうまん》さ＝その裏返しである極端な臆病さの中で濾過《ろか》するように、全身で考え、懸命に苦慮し、判断して、そのうえでありとあらゆる「権数」を仕掛けたのではないか。

その臆病さが、いわば曹操の強さの秘密といえるかもしれない。

そのため読者によっては、若き日のかれが大きな矛盾する性格を、一つの人格の中で平然と同居させていたように、思われる方がいるかもしれない。

一方で過度の勇気をふりしぼる緊張感を好み、生と死の境で疼《うず》くような英雄へのあこがれを抱いていながら、他方では極端に事物をおそれ、こわがる――賭博を想像してみれば、多少は理解しやすいだろうか。

歴世の英雄と呼ばれる人の多くは、勝てると思えば迷わず、その勢いに乗る。

そして、乗り切る。途中、負けるかもしれない、という局面があっても、己れの運を天にまかせて勝利に賭ける。かりに敗北しても、賭博の一回に敗けたように笑って立ち直り、逆境の中から反転攻勢に出たものだ。しかし、曹操はちがった。

少しでも負ける、と勘が働けば、どれだけ勝っている局面でも、さっさと次の賭博をやめてしまう。いかに勢いに乗っていても、勝負をつづけず、そこで降りてしまうのだ。

黄巾の乱で騎都尉《きとい》として功績をあげ、済南《さいなん》（現・山東省済南市の東）の〝相〟（宰相）となった曹操は、東郡（現・河北省）太守を授けられるが、このポストには就かず、郷里の譙《しょう》（現・安徽省亳州《はくしゅう》市）に引きこもっている（詳しくは後述）。

その降《お》りっぷりが、いかに不名誉なものでも、どれほど悪様《あしざま》に罵倒される情況であったとしても、曹操は耐え忍べる男であった。ただし、この忍ぶ姿を勘違いすると、かれの長所＝人望力を理解し、読者がそれを手に入れ、活用することはできない。曹操は一面、厚顔無礼であったのだ。ここに現われる顔こそが、かれの〝傲慢さ〟そのものであった。

これからその生涯を検証していくが、読者諸氏はよく見極めてほしい。曹操特有の異様な冷静さ＝「機警」が、その厚顔をつねに支配していたはずである。その精神力がゆったりとみえる「風気」「態度」――「権数」への自信ゆえに、かれにつきしたがう部下たちを感嘆させるのだが……。

むろん、任侠放蕩であっても、曹操の兵学に結びつく打算はつねに働いていた。『世説新語《せせつしんご》』の「仮譎篇《かきつ》」――すなわち、人をだます狡智《こうち》を集めた話の中に、若き日のかれが結婚式荒《あら》しをする逸話が記されていた。

のちに宿敵となる袁紹《えんしょう》とともに、曹操が侠《きょう》の仲間――不良仲間というべきか――をひいて、婚礼の最中の家をみかけると、その家の庭園にこっそりしのびこみ、暗くなるのを待って、「泥棒だ――」と叫ぶ。

式場にいた人びとが、おっとり刀で外へ出てくると、そのすきに室中へ入り、花嫁を刀で脅して強奪するということを、かれらはやっていたというのだ。史実であった確証はない。が、次の展開は、いかにも曹操らしかった。

## ◆スリルとサスペンス

あるときのこと、首尾よく花嫁をかっさらって逃げる帰路、〝相棒〟の袁紹が、棘《いばら》に足をとられて動けなくなってしまった。どうやっても、足が抜けない。時間が経過すれば、人々は戻ってくる。発見されれば、万事休す。生命《いのち》もあぶない。

追い詰められた曹操はどうしたか。なんら躊躇《ちゅうちょ》することなく、

「おーい、泥棒はこっちだぞ――」

と、叫んだのである。

当然、人々はやってくる。つかまれば、ただではすまない。この絶体絶命の境遇を、身にしみて一番重大に理解したのは、足が抜けず最悪の状態の袁紹であった。

曹操は逃げられるが、自分はそうはいかない。曹操の叫び声に驚嘆するとともに、このときかれは、火事場の馬鹿力をふりしぼった。つかまれば、生命《いのち》にかかわる、と反射的に悟ったかれは、渾身の力をふりしぼって、抜けないと思われた片足を、棘からひき抜いたのであった。そして二人は、這う這う《ほほ》の体《てい》で逃げきる。

おそらく曹操は、室内から外へ飛び出した人数、自分がしたがえている徒党の実力。も

し、双方がぶつかった場合の、喧嘩の帰趨《きすう》――生命《いのち》を落とすか否か、つかまったあとに下されるであろう処分といった諸々を、臆病であるがゆえに、瞬時に冷静に打算したであろう。

あるいは、強奪した花嫁を盾にすることについても、想定したにちがいない。

さらには――ここが、凡庸のコソ泥と異なる点なのだが――曹操は逃げながら、かれのもっとも好む、生死の境にいる自らの快感、躍動を味《あじ》わっていた。同時に、その一方で生じている、逃げるという賭博から降りた心情＝臆病さ、哀れさといった甘酸っぱい思いに、全身で浸かり、水中にあって息を止めながら、浮き沈みを楽しむような、浮力の感覚をひとり自らに、強《し》いていたのではないか、と筆者には思えてならない。

同じ『世説新語』の仮譎篇には、「年少《わか》きとき」袁紹が曹操に刺客を差し向け、寝ているところへ、剣を投げつけさせた話が載っていた。あるいは、花嫁強奪未遂の直後、頭にきた袁紹の報復であったかもしれない。

不良の徒のやることは、あと先を考えず、今も昔もあぶなっかしい。

一投目の剣は、やや低いところに突き刺さり、曹操は難を免れた。ふつうなら、ここで気がついたならば、悲鳴、罵声《ばせい》の一つもあげながら、あわてて逃げてしかるべきだが、かれの臆病さは一見大胆に見えた。次は剣が高めにくる、と自らの生命《いのち》を賭けて、曹操はベッドにぴったりと身を伏せ、はりついたのであった。臆病なのだが、この生と死の緊張感がまた、たまらなかったのだろう。

まして、若い頃、無軌道な青春をおくっていたかれにとっては、己れの生命《いのち》など、いつ消えてもよいほどに、軽かったのかもしれない。

もっとも、これら『世説新語』の話は、曹操と袁紹の生涯を、すべて知ったうえでの、逆照射によって創られた虚構であった可能性は高い。それでもなお筆者は、曹操の本質を突いている逸話だと評価する。

歴史の挿話には、後世に創られていながら、それでいてみごとに本性を物語っている、というものが決して少なくない。要は、それらを独自に解釈できるか否かであろう。曹操が他人の信用を失墜させた、「機警」と「権数」しかりである。

一言でいうなら、人の信用を失墜させるための陰謀である。

花嫁強奪未遂の話が残るほど、曹操の若い頃、その放蕩無頼ぶりは相当なものであった。これは『三国志』の注が引いた野史『曹瞞伝《そうまんでん》』にある話だが、あるとき、鷹を飛ばして犬を走らせ、狩りに熱中する曹操の遊蕩ぶりに、叔父が見かねて曹操の父・曹嵩《そうすう》に注意したため、あとで曹操が父にこっぴどく叱られたことがあったという。

叔父の告げ口を根にもった曹操は、偶然、通りかかった叔父といきあわせると、故意に顔をしかめ（敗面《はいめん》）、口をひん曲げ（喎口《かこう》）、まるでヒョットコ面のような表情をして見せた。

驚いた叔父が、「どうしたのか」と問うと、曹操は待ってましたという。

「なぜか急に、こんな顔になってしまいました。悪い風邪《かぜ》をひいたのかもしれません」

心配した叔父は、曹嵩にこのことを話した。が、そのあとで曹操と会った曹嵩は、普段と変りのない息子の顔を見て、おもわず首をかしげてしまう。

「はて、叔父《おとうと》の話では、お前の顔が曲がっていると聞いたが、もう治ったのか？」

曹操は、ここぞとばかりに「権数」をしぼり、発した。

「いいえ、別に――。叔父上はどうも、私が気に入らないようです。あることないことを、すべて父上に告げ口をするようですね」

わが子思いの曹嵩は、それからというもの、叔父の話にとり合わなくなった、とか。

## ◆トップ不在が滅亡を招く

この話にも、曹操の〝傲慢さ〟とその心底にある臆病さが、いかんなく発揮されていた。創り話ではあろうが、この挿話は人間関係に先入観が禁物であること。また、これを巧みに利用することができると考える、曹操という人物を知るうえでは興味深い。

同じような「機警」と「権数」は、かれが自らの軍団を持つまでになった後年にも、伝えられていた。有名な挿話が、その行軍中に創られた。

兵糧が欠乏したことが、あったという。やむなく米升《こめます》を小さくし、量をごまかすように、と曹操が担当者に命じたところ、それを不満とした将兵の矛先が、曹操に向けられそうになった。かれはどうしたか。兵糧の担当者に因果を含め、この男を処刑すると、ごまかしたのは担当者が個人的にやったことだ、と発表し、表札を立てていい訳をすると、直ぐさま升を元の大きさに戻した。

むろん、升を元に戻した限りは、兵糧の欠乏を補う意味でも、なお厳しい強行軍はおこなわれたが、将兵たちは曹操の公明正大を演出した「機警」と「権数」にまんまとひっかかり、その措置に納得して行軍をつづけたという。

おそらく曹操は、手にかけた兵糧の担当者の生命《いのち》一つと、己れを含めた軍団の生き残り＝強行軍を、博奕《ばくち》をはるように心の中で比べたのだろう。

将兵が納得しなければ、あるいは食糧が到着以前に尽きてしまえば、いずれにせよ死ぬしかない、との思いが、かれの心の中では平然と、胡坐《あぐら》をかいていたにちがいない。

それにしても、曹操という独特な人間は、どのような環境の中に生まれたのであろうか。歴史は過去へ、過去へとさかのぼるほどに、対象物の鮮度を増す。

鳥瞰図《ちょうかんず》的な——それも途方もない巨視的なものいいが許されるなら、後漢帝国の成立そのものが、曹操のような人物を生み出した、といえなくもなかった。それこそ、今のあなたは、現代の日本社会の中でしか生まれ得なかった、というのに等しい。

もう少し、レンズを絞ろう。問題は政治の中心であった。

いうまでもないことながら、リーダー不在の組織は、国家であれ家庭、企業であっても、まともには維持・存続し得ない。統御そのものが、できないからだ。舵のこわれた船、といえばいいだろうか。この原理・原則の見本こそが、三国鼎立以前の後漢帝国であった。

なにしろ、この帝国の歴代皇帝は前漢に比べても、そろいもそろって短命であり、その史実は驚嘆にすら値《あたい》した。六十三歳で没した初代の光武帝《こうぶ》（劉秀《りゅうしゅう》）が、なんと十四代（『後漢書』では、少帝懿《い》と少帝弁《べん》を除き全十二代）にわたる皇帝中、最も長寿であった。二代の明帝《めい》は三十歳で即位し、四十八歳でこの世を去っている。それでもかれは、長寿第二位であった。以後、明帝を超えた皇帝はいない。

廃帝にはいた。曹操が保護した最後の皇帝・献帝《けんてい》は、曹操の子の曹丕《そうひ》によって、四十歳で退位を余儀なくされたが、その後、魏政権のもとで山陽公《さんようこう》として生きながらえ、五十四歳をもって他界していた。

三代章《しょう》帝は、十九歳で即位して三十二歳で死去。さらにこののち、十人が皇帝位にのぼったが、いずれもが十代までの即位で、最年長即位が十五歳の桓《かん》帝（十一代）といった有様だった。なかには、和《わ》帝の跡を継承した五代の殤《しょう》帝のごとく、誕生後百余日で即位、翌年、崩御といった帝までいた。そのため、多くに毒殺説があった。

皇帝の幼少化＝父親の不在は、当然のごとく摂政《せっしょう》を必要とし、後漢帝国にあっては、皇太后（皇帝の母）を中心とした「外戚《がいせき》」がこれを担当した。

## ◆「国の興衰、此の一挙に在り」

もし、そのなかに小才の利いた父や腕力に自信のある兄、従兄《いとこ》でもいれば、その者が朝廷を牛耳《ぎゅうじ》ることとなる。人事はその都度、大いに乱れた。

六代・安帝——七代・少帝懿（七ヵ月在位）——八代・順帝。

いつの場合もその調停役をつとめたのが、歴世中国では宦官《かんがん》たちであった。

かれらもまた、巨大帝国を形成した主柱の一つといえるかもしれない（ただし、近代以前まで）。その近代に関して、余談を一つ——。

言葉の意味が、ときに逆転するという好例でもあったが、日本の明治三十七、八年（一九〇四、五）、わが国の命運を賭《と》した日露戦争がおこなわれ、その〝天王山〟ともいうべき日本海海戦に出撃した連合艦隊司令長官・東郷《とうごう》平八郎は、決戦に臨み、

「皇国の興廃、此《こ》の一戦に在《あ》り、各員一層奮励《ふんれい》努力せよ」

と、旗艦三笠《みかさ》のマストに信号旗を掲げた。

この歴史的名文句、実は遥か昔、宦官のあくなき権勢欲の犠牲となり、わずか二年にして順帝——沖帝——質帝とつづく三帝の死＝「国祚三絶《こくそさんぜつ》」を経験した、後漢帝国の最高位〝三公〟が嘆いた言葉が、その出典であった。「国祚」とは皇位のことで、

「国の興衰《こうすい》、此の一挙に在り」

そう断じたのは、司徒《しと》の胡広《ここう》、司空《しくう》の趙戒《ちょうかい》、太尉・李固《りこ》の〝三公〟であった。

ついでに記せば、前漢帝国の初期、〝三公〟は丞相、太尉、御史大夫《ぎょしたいふ》のポストを指したが、前漢の哀帝の代からは、大司徒（丞相）、大司馬（太尉）、大司空と名称が改められ、さらに後漢では右のように、司徒・司空・太尉と呼び名が変更される。軍事担当の宰相である「太尉」の李固は、傾く朝廷を建て直すべく、このあとに登場する「外戚」勢力の中心で、兵馬の権限を一手に掌握した大将軍・梁冀《りょうき》に、あえて頭を下げた。

この大将軍、〝跋扈《ばっこ》将軍〟（のさばった将軍）と質帝に嫌味をこめて呼ばれて以来、こちらのほうが通りがよい。もっとも、梁冀には可愛気のかけらもなかった。なにしろ、己れの思い通りにならない少年皇帝・質帝を、こともあろうに毒殺している。

十一代皇帝・桓帝の誕生によって、李固は太尉を解かれ、その職に司徒の胡広《ここう》が就任した。まさに、「興衰」の極まった局面であった。

――話を、宦官《かんがん》に戻す。

朝廷内の心ある官僚は、当初、宦官の勢力進出を消極的ながらも肯定していた。

「致《いた》し方《かた》あるまい」

蛇足ながら、『孫子』始計篇に有名な一節、「兵は詭道《きどう》なり」（戦術とは相手を欺《あざむ》くことである）がある。正道の反対語である「詭道」を、江戸時代の儒学者・荻生徂徠《おぎゅうそらい》は『孫子国字《そんしこくじ》解《かい》』の中で、「詭はいつわりとも、あやしとも、たがうともよむ」といい、「よのつね詭道と云《い》えば、いつわりと云う訓ばかりに泥《なず》みて、合戦と云えば、とかく表裡《ひょうり》(裏)、たばかりを、軍の本意と定むるは僻事《ひがごと》（まちがい）なり」

と述べていた。

実はこの「詭道《きどう》」には、「人をだます手だて」と共に、より深くは「近道」「捷径《しょうけい》」の意味もあった。宦官こそは、この「近道」によって誕生した者。この存在が、曹操の前半生を大いに苦しめることにもつながるのだが……。

かれの「傲慢」はその心底で、宦官《かんがん》の家系に生まれた「詭道」への屈辱・反発が、強固なコンプレックスの塊《かたまり》となり、これを強く否定するエネルギー、破戒力が、最大のバネとなっていたかと思われる。

男根を切りとられ、去勢された男性が、中国では歴代、朝廷の奥で皇帝や分裂時の王などに仕えていた。かれら宦官は人ではなく、主君の影でしかない。

だからこそ、後宮のプライベートな生活に寵用されても、皇帝や王も后《きさき》も、かれらの動きに眉一つ動かす必要はなかった。宦官は今日のロボットのように、その召使いとして慇《いん》懃《ぎん》にその役目を、淡々と果した。が、しかし、かれらは心の奥底で、それでも自分たちは生身の人間なのだ、と思いつづけていたのである。当然のことで、生物であるかぎり感情を消し去ることはできない。ここに、あやうさが孕《はら》んでいた。

## ◆コンプレックスと向き合う意義

性別の男性として女性を抱くことはできなかったが、宦官の中には失った性の喜びのかわりに、権力欲に取りつかれる者も、決して少なくなかった。なにしろ皇帝のプライベートなスケジュールは、かれらがことごとく握っていた。

帝国の表の主宰は〝三公〟であったが、かれらは後宮、奥へは立ち入らない。そのためもあり、宦官はいつしか、奥を転々とする皇帝の居場所を知っているのは自分たちだけ、との思いから飛躍し、皇帝の生殺与奪の権を握っているような妄想、錯覚、心もちとなり、「皇帝陛下を生かすも殺すも、われら次第なのだ」

宦官の中には、天子に跪《ひざまず》きながら、自分一人の、ひそかな屈折した、得体の知れない高ぶりに、ねむれぬ夜をすごす者もいた。

自らの所属する組織に、ダメージを与え、信用を失墜させるようなことを、一人妄想して、悦《えつ》に入っているアブナイ人間は現代社会にもいるにちがいない。

さきほど、勇気が「態度」「人格」を磨くことを述べたが、実は曹操の場合、この宦官の家系に生まれた、という不可抗力、コンプレックスに、かれが真正面からむきあったことが、曹操をしてのちの英雄となるための、第一段階をのぼらせることにつながった。

（なんという、ばかばかしさか）

物心ついた曹操は、それこそわが身を切り刻みたいような衝動にかられたであろう。

勇気をもって自己と向き合う作業は、見方を変えれば自己への正直さ、誠実さとも受け取れ、結果としての〝傲慢さ〟の、鎧兜《よろいかぶと》となった、といえそうなのである。

いうまでもないことだが、およそ人間関係にあって、信頼性がなければ何事であれ、円滑には運ばないものだ。昨今はより以上に〝契約〟を強くいうが、この契約の根本も相互の信頼がなければ、友好な関係を維持することはできない。

そもそも「信」という漢字は、「人」と「言」から成っている。他人に対して約束したことを、たがえてはならない、との意味であった。似た漢字に、「忠」がある。これは「中」と「心」からできており、自己の中心（内心）に照らして、うそいつわりのないことを形にしたもの。「信」も「忠」も、いずれも意味合いは「誠」＝真心、誠実となる。

曹操は自らの出生――世に忌み嫌われる宦官の、それも権勢を誇る、世に知られた家に生まれたことを、真心から誠実に受け止めた。最初は天を仰いで嘆いたことだろう。つまらぬ世に生まれ、つまらぬ家とかかわりあい、恥ずべき仲間に入れられてしまった、と寝床に伏して、髪をかきむしるように、うめいたにちがいない。

かれは「正直者」であったといえる。しかし、曹操が向き合い、かかえこんだものは、歴世中国大陸における大いなる矛盾の惑星であり、かれ一人でなんとか始末のできるものではなかった。

「どんな事物にも矛盾をふくんでいないものはなく、矛盾がなければそもそも世界は成り立たない」

これは毛沢東の『矛盾論』のテーマであるが、はるか巨大帝国建設の先輩・曹操は、宦官という「詭道」、矛盾＝コンプレックスを、己れの心の都合のいいように考え、処分したりはしなかった。

## ◆自らの信頼性と誠実さを育てる

ものごとには、タテマエとホンネ、表と裏、動と静——そうした二局の中に、さらなる矛盾が生まれ、摩擦をおこすもの。味方の中の敵、敵の中の味方、理屈に合わないのに止められない感情——云々。

それらの複雑怪奇な動きにふりまわされ、矛盾を恐れ、回避しようとしたり、逆に力瘤《ちからこぶ》を入れて粉砕してやろうなどと大それたことは考えず、逆に矛盾の正体、本質を冷静に見極め、正しく摑み、自らに活用する柔軟さこそが大切であった。

なにしろ、この「誠」や「忠」は、とかく主観的なものとなりやすかった。客観性がとぼしく、公明正大といいながら、その実はあくまで己れの思い込み、我執の偏りとなりがちとなるもの。日本人の感覚では、これに酷似しているのが「正直」であった。しかもこれらには困ったことに、妥協がなかった。

誠実さも正直も、リーダーにとっては必要不可欠な資質といえる。人間性を疑われるような人物、胡散臭《うさんくさ》い不実な者に、他人はついていかない。かといって、どれほどのパーセンテージを持てば、部下は許してくれるという基準も存在しなかった。高潔さも、しかりである。ここで、人間としての値打ちがわかれた。

自分とつきつめて向き合うことは、自らの信頼性を確認することにもつながった。信頼性を自分の内に育てようとするためには、次の五つを実践することが不可欠なように思われる。

一、言いわけをしない。
二、与えられた職責・職務にベストをつくす。
三、綿密に、しかもすばやく正確に対処する。
四、丁寧に、きちんと実行する。
五、忍耐強くつづける。

誠実さを身につけたいのであれば、次の五つを省みなければなるまい。

一、常に自らの心に正直であること。
二、確実性を担保するために、細心の注意を払う。
三、常日頃から、自己発言に注意する。
四、独断と偏見に陥らぬように、より広い視野をもつべく努力する。
五、自己の弱さを克服する。自信がつけば、嘘はいわなくなる。

一面、難しいのは、宦官たちも自らには正直であったことだ。

ただ、欲望のみが突出して、それを押えるブレーキがまったくかからなかった。

矛盾を矛盾のまま腕力にものをいわせて、しかも徒党を組んで、力づくで成し遂げようとした点が、かれらの始末に悪かったところといえる。

どれほど質《たち》が悪かったか、それこそ宦官が後漢帝国を葬った、といえるほどであった。

もっとも、曹操はその狭間から、世に現れてくるのだが……。

# 環境

第一章

## ◆「外戚」対宦官の凄まじい派閥抗争

天子の生殺与奪の権をもてあそぶ空想、妄想をしている分には、宦官は無害であった。冷静に考えれば、かれらには兵力がそもそもなかった。天子を殺せば、職と生命《いのち》を失うだけで、何の利益もない。

ところが、「外戚」の出現、あるいは心ある官僚たちの抵抗・返撃に、宦官が手を貸すようになると、事態は一変した。漁夫の利、というやつである。

宦官同士が連帯して派閥を創り、ついには「外戚」と拮抗《きっこう》して自分たちの意に沿う子分を、地方の役職につけるようになる。

曹操の生涯は六十五年であったが、その人生はそのまま、後漢の三分の一ほどのところとかさなっていた。その間、「外戚」と宦官の抗争は、止むことがなかった。

派閥抗争、職権濫用《らんよう》、越権行為——云々。今日の日本における社会、企業などを考えるうえでも、この対立は様々なことをわれわれに教えてくれる。

年端もいかぬ皇帝＝天子が即位し、その母親が後見となる。そして、実際の政務（軍事も含め）はその身内、父や兄などの男性が担当する——これは今日のオーナー企業においても、外形は変われどよくある型といえよう。

「外戚」の代表が、帝国の大将軍の地位につけば、軍事・行政の大権を握ることができ、一《ひと》度《たび》、一つの「外戚」が政権を掌握すると、一族の者がことごとく官途にぶらさがる。結果、正規に雇用された者は梲《うだつ》が上がらず、組織そのものは硬直化する。

それに対して宦官は、もとより天子や后妃のそばには仕えてはいたが、身分はただの召使いであり、出身そのものは極めて低かった。それも単に貧しいというのではなく、生死の境にある困窮者が大半で、その身のほどの低さゆえにこそ、かれらは自ら望んで去勢を志願し、後宮に職を得たというのが実状であった。

これから述べる曹操の祖父も、この道をたどった人であった。

さすがに、宦官は今日の日本にはいない。否、日本史には宦官は一度も登場したことがなかった。中国の大陸国家にことごとくを学んできた島国としては、この点、奇跡といってよい。なぜ、宦官がいなかったのか。理由は簡単かつ明瞭——日本では女性の能力を、古来より中国大陸以上に高く評価してきたからだ。なにしろ、邪馬台国《やまたいこく》の卑弥呼《ひみこ》や神功皇《じんぐう》后など、女性のトップも日本史には登場している。

そのため現代社会ではなおさら、宦官と比べる何ものもないが、非力である一点のみを採り、昨今の企業に無理やり当て嵌《は》めれば、アルバイトや臨時、契約社員の地位といえようか。「外戚」は株主や併合された大企業からの派遣役員、天《あま》くだりと置いてみる。正社員にすれば、アルバイトや派遣社員の方が使いやすいし、味方のようにも思う。

朝廷の官僚＝士大夫《したいふ》たちも、当初はそのように考えた。

併せて、「外戚」の系譜は長く影響を及ぼす可能性をもっていたが、宦官の場合は去勢されているため、子孫をもうけられない。つまり、どれほど権勢をほこっても一代限りとなる。皮肉なことだ。この宦官の制度が改められることがなければ、曹操《そうそう》は未来永劫《えいごう》この世に現われることはなかっただろう。

曹操の出自はまぎれもない、人々に忌み嫌われる宦官の家系であった。が、かれとその父・曹嵩《そうすう》は血の繋《つなが》りがあり、家督も財産も受け継いでいる。なぜ、このようなことが可能となったのか。

宦官の朝廷における力が巨大となり、陽嘉《ようか》四年（一三五）に宦官が養子を迎えて、その養子に爵位を継承させることが許されたのである。

この改正は、のちに曹操の子・曹丕《そうひ》が後漢帝国を否定するまで、のべ八十五年間、生きつづけたことになる。曹操の魏では、宦官に厳重な規定がもうけられた。だが、それまでは宦官の権勢欲には事実上、歯止めがきかなくなっていたのである。

官僚を推挙する権限は、そもそも〝三公九卿《けい》〟と二千石《せき》の大官だけにあったのだが、宦官はこの資格まで奪い、まるで世の中に復讐《ふくしゅう》でもするかのように、貯め込んだ収賄の金で奴隷《どれい》や乞食《こつじき》の子を買いとり、それらを家族、後継者として、己《おの》が身内を官僚に推して、地方長官のポストに就けて行く。

## ◆陳琳の檄文

「そうでもせねば、外戚とは戦えぬ」

宦官たちは、自らを正当化しようとしたが、これはとんでもない仕儀であった。

考えてみればよい。奴隷、乞食《こつじき》であった者たちに、官僚としての実務遂行能力が、そもそもあったであろうか。世の中は常に、無理が通れば道理はひっ込むもの。地方豪族の連合体を中央でたばねていた後漢帝国は、このとき、氏素姓も定かでない、宦官が支配する奴隷・乞食出身の県知事に、地方を牛耳られる異様な帝国に変貌したのである。

後年、〝天下分け目〟の官渡の戦いを目前《もくぜん》にして、宿敵・袁紹《えんしょう》は、ときの豫州（予州）刺《し》史《し》であった劉備に対して、自らに従うようにと勧告の檄文《げきぶん》を発したが、実際にその文章を執筆したのは、記室《きしつ》（書記）をつとめ、名文の誉れ高い陳琳《ちんりん》（字《あざな》は孔璋《こうしょう》）であった。

この檄文は『文選《もんぜん》』にも、「袁紹の為に予州に檄す」と題しておさめられている。

陳琳は散々に、曹操がいかに与《くみ》すべき人間でないか、その悪口を書き連ね、さらに筆はその祖父・曹騰《そうとう》、父の曹嵩の行状へと及ぶ。そして、

「（曹）操は贅閹《ぜいえん》（いぼ、よけいなもの。ここでは宦官のこと）の遺醜《いしゅう》（けがらわしい形見《かたみ》）にして、本《もと》より懿徳《いとく》（優れて徳のある）無し」

とまで書いた。ペンがいささか、走りすぎたのかもしれない。

曹操は己れの、最もふれられたくない秘処に、土足でふみ込まれたような不快感をもった。今なら、プライバシーの侵害となろうが、かれの心中は怒りにふるえたことだろう。

やがて袁紹が敗れ、死去すると、陳琳は袁紹の末子・袁尚《えんしょう》に仕えたが、守っていた冀州の城が陥落し、ついには曹操に降った（終章参照）。

普通なら、陳琳の生命《いのち》はなかったろう。かれは殺されるに値《あたい》するだけの、名文を書いたのだから。ところが曹操は、陳琳の文才を理解する。なんと父祖や己れをはずかしめた男を許したうえに、優遇した。が、それでも曹操はいっている。

「私の罪状をのべるのはいいが、そこで止めるべきであった。悪を憎むならば、その当の一人に限るべきで、どうしてその父や祖父にまで言及するのか――」

陳琳は答えていう。

「ひきしぼった矢は、射ないわけにはゆかなかったのです」

曹操は、陳琳を従事《じゅうじ》（補佐官）に登用し、陳琳はのち「建安七子」――後漢の建安年間に、曹操・曹丕・曹植《そうしょく》（曹丕の弟）のもとで活躍した七人の文人に数えられることとなる。

それにしても右の、曹操の言葉には、父祖に対するかれ一流の、二つの思いが読みとれた。一つは、額面通りの意味。もう一つは、「贅閹《ぜいえん》」を自分につなげないでほしい。祖父や父とは切りはなして、私だけを見てほしい、との切なる想いだ。

一歩すすめていえば、自分から新しい家系が始まるのだ、という曹操の自負心とも受け取れる。これはかれの人生を考えるとき、旧時代の破戒、新時代の創造の原動力ともなっていたようにも思われる。あわせて、第四勢力の擡頭《たいとう》（新たに勢力をのばすこと）にもつながるのだが、この点は後述したい。

## ◆もし、儒教なかりせば

それよりここでは、さらなるもう一段の深み、曹操の隠された深層心理についてふれられればと思う。父祖への、愛憎である。

外部にむけての曹操の怒り、悲しみ、無念さとは真逆に、かれには祖父と父に対する、孫・子としての労わり、慈しみ、親愛の情が体内の奥深い内部に、秘されていた。

この二重構造にも、曹操が中国大陸統一にむかう必然性が隠されていたのだが、さて、中国古典を研究する人々の中でさえ、どのぐらいの人がこのことに気づいてきたであろうか。改めて、問いたい。そもそも、なぜ、中国大陸はヨーロッパのように、罅割《ひびわ》れし、分裂分割して、地方ごとに独立した国とならなかったのであろうか。中国大陸にも、多くの民族は存在した。始皇帝の秦《しん》とローマ帝国との、その後の抜本的なちがいは、いったいなんであったのだろうか。

――筆者は、儒教の存在であったと確信して来た。

ローマ帝国におけるキリスト教と比較してみると、よりわかりやすい。キリスト教は国々が分裂・独立しても、各々の心の支え、宗教として成り立ち、かならずしも巨大国となるための、接着剤にはならなかった。ところが儒教は、ちがった。大陸に住まう、ありとあらゆる人々の、遺伝子の中にまで溶け込んでいた。その拘束力が、大陸を分裂から大同合併させる方向付けを働きかけ、担いつづけたのである。

もとより中国大陸の国家が、儒教によって統治されるのは、紀元前二世紀に前漢帝国において、武帝《ぶてい》が出現するのを待たねばならなかった。

とはいえ、中国大陸には儒教以前からの国有の俗ともいうべきもの――のみならず、それこそ日本を含むアジア全域にわたる――原形的な親が子を、子が親を思う心――素直、素朴な規準、家族倫理《モラル》・習俗が、孔子の出現する以前からこの世に存在した。

というよりも、民間の雑多な感情や習俗を濾過《ろか》して、いつのまにか集成し、それを整えて規範化したのが、孔子の儒教だと考えた方が、史実には近かったに相違ない。儒教は春秋戦国時代（紀元前七七〇～同二二一）、〝諸子百家〟の一つにしかすぎなかった。

根本はおそらく、葬儀であったかと思われる。動かなくなった人を、多くの人々が鄭重にあつかった。これがやがて、孔子を崇拝する教団に感化される人々の中で整理され、広がり、人間としての生き方の規準、物の考え方、行動原理――すなわち、学問をする志士的な儒徒《じゅと》を生み出したのではあるまいか。

かれらは自らをみがくために、儒学を修め、推挙されて官僚となって、己《おの》が才能を現実の政治に発揮し、皇帝＝天子を補佐して聖世を招くことを理想に掲げた。いわゆる経世済民の志であり、これこそが儒家のもつ、誇り高き士大夫《したいふ》の倫理であったといえる。

「人生意気に感ず功名誰《た》れか復《ま》た論ぜん」

唐詩選に選ばれた魏徴《ぎちょう》の「述懐」（五言古詩）にある有名な一節も、人生は意気である。男同士が互いの意気に感ずるところがあれば、もはや功名を得るか否かなどは論外である、というこの「意気」は、そもそも経世済民の志のことを指していた。

——〝士〟は諸国へ、やがては帝国へと奉仕するようになる。

もし儒教という、大陸本来の根本の土俗風習が、そもそも中国大陸に頑健《がんけん》に伝えられなければ、こちらも間違いなく、ヨーロッパと同じ運命をたどったはずだ。

その儒教は、〝孝〟をもって倫理の基本とし、〝仁〟をはぐくみ、〝礼〟をみがいてきた。むろん、曹操もその範疇《はんちゅう》から漏《も》れることはなかった。

まずは、曹操という複雑な人間を世に造り出した源——といっても、血のつながりのない——それでいて曹操と同様に、不思議な栄達をとげた——その祖父・曹騰《そうとう》について、みておきたい。

## ◆曹操の偉大な祖父

出自・門地といった、依拠すべき精神的な支柱をもたない孤独な宦官として、曹騰はこの世を渡った。かれには、実父がいた。曹節《そうせつ》（曹萌《そうぼう》とも）という。字《あざな》を元偉《げんい》。

ただし、後漢帝国の時代、朝廷を闊歩《かっぽ》した宦官の大物・曹節とは同姓同名ながら、まったくの別人であった。比べたりしたら、こちらの曹節が卒倒したにちがいない。

「素《もと》より仁厚を以《もっ》て称せられる」（司馬彪《しばひょう》『続漢書』）

と述べられるような好人物で、とにかく曹操の血のつながらない曾祖父《ひいじいさん》は温厚な、争いごとを好まない、一面どこまでもお人好しな人物であった。

どれほど想像力をたくましくしても、直線で曹操には行きつけない。

貧しい庶民暮らしをしていた曹節の隣近所に、同じような暮らしをして、同様に豚を飼っている人がいた。その人の豚がある時、逃げたようだ。その人は曹節の飼っている、よく似た豚をみて、それこそ自分のものだと主張し、強引にわが家へもちかえった。

これが若き日の曹操なら、ここで、とんでもない仕返しを思いついたであろう。否、因縁をふっかけられたところで、乱闘さわぎを引きおこしたかもしれない。

しかし曹節は怒らず、抗弁せず、近所の人のするがままにまかせた。

しばらくして、その人が申し訳なさそうに豚を返しにきて、しきりと謝った。いなくなった豚がひょっこり、戻ってきたというのだ。このときも曹節は、ただ笑って自らの豚を受け取っただけで、決して隣人を悪様《あしざま》に罵ったりはしなかった。

まさに、礼教の学である儒教の、根本である〝仁〟の出来た人であったといえる。この曹節には長男の曹鸞《そうらん》（あるいは褒《ほう》）以下、幾人かの子供があった。

その末子《ばっし》に生まれたのが、曹騰である。字《あざな》を季興《きこう》といった。おそらくかれは父同様、温厚でやさしい、加えて頭の良い子であったのだろう。しかし、曹節の家は貧しいうえに、子沢山。曹騰に、学問を修めさせてやることができない。それ以上に、生きていく術《すべ》をつけてやることができなかった。

父子は相談の上、曹騰が去勢して宦官の従者となる道を選択した。良し悪しではない。生きていくための、懸命の決断であった。さぞかし曹節は、心を鬼にしてわが子を送り出したのだろう。曹騰もよほどの覚悟をもって、二度とひき返せない進路を歩んだにちがいない。手術がうまくいかねば、死ぬこともありえた。

運よく生命《いのち》あって、朝廷の奥に入った曹騰は、やはり頭もよく、性格もよかったのであろう。皇太子（のちの順帝）のご学友に、運よく選ばれた。

順帝が即位すると、曹騰は「小黄門《しょうこうもん》」（六百石）となり、やがて宦官のトップ「中常侍《ちゅうじょうじ》」、「大長秋《だいちょうしゅう》」（皇后府をとりしきる宦官の最高位）にまで登りつめる。

だが、かれは権勢をほこる宦官にはなっていない。無能であったのかといえば、それもちがった。有能なうえに、父と同じような謙虚さ、温和な性格が、浮沈めまぐるしい朝廷内での生活を、長らえさせることにつながったようだ。

「宮中に仕えること三十余年、四人の天子に次々と仕えたが、過失が一度もなかった」

先の『続漢書』や范曄《はんよう》の『後漢書』は、列伝の中で驚嘆しつつ述べている。

安帝・順帝・沖帝《ちゅう》・質帝——「外戚」と宦官の抗争は火花を散らしており、これに巻き込まれずにすむというのは、よほどの才覚とわきまえた立場、それを可能とする円満な人柄が必要であったろう。

## ◆曹騰の布石

別方向からながめれば、慇懃《いんぎん》ながら老獪窮《ろうかいきわ》まりのない人物、とも見えたはずだ。

曹騰はよくも失脚せず、その身を高みのままで全《まっと》うできたものだ。それどころではなかった。かれはわが身を保全するだけでなく、それこそ孫の曹操を世に出す布石すら、実は打っていたのである。

「すぐれた人物をひきたてることが好きで、決して他人の悪口をいったり、意趣返《いしゅがえ》しをしなかった」

と列伝はいう。

なるほど、曹騰が推挙した人物が、『三国志』の注に列記されているが、兗《えん》州陳留《ちんりゅう》の虞《ぐ》放《ほう》・辺韶《へんしょう》、荊《けい》州南陽《なんよう》の延固《えんこ》・張温《ちょうおん》、涼《りょう》州敦煌《とんこう》＝弘農《こうのう》の張奐《ちょうかん》、豫州潁川《えいせん》の堂谿典《どうけいてん》などで、かれらは揃って人物が立派で、朝廷の高官に出世していた。

虞放は「司空」（〝三公〟の一《いっ》で、もと土木事業と囚人を管理した官名）、辺韶は陳国の〝相〟（陳国の大臣）、延固は「京兆尹《けいちょういん》」（京兆＝長安東方の十二県を治めた長官）、張温は「太尉」（軍事担当宰相）。張奐は「太常」（宗廟・礼儀を管轄する官職）、堂谿典は「五官中郎将」（将軍に次ぐ五人の中郎将のうち、宮中五官中郎を統率）となっている。

かれらの多くは、たんなる文官ではなかった。豊かな教養をもちながらも、戦場に出れば遺憾なく〝将〟としての力量を発揮した。そのいずれの場合も、曹騰は恩着せがましい態度をとらず、まして独自の派閥を形成することにも使わなかった。

――曹騰の、人材登用における機微を、雄弁に語る挿話が残されている。

蜀《しょく》郡の太守が、計吏《けいり》（会計報告の使者）を使って、曹騰に敬意を表したことがあった。益《えき》州の刺史《しし》（もと地方の監察官、後漢では地方行政長官）であった种暠《ちゅうこう》はこのとき、函谷関《かんこくかん》（現・河南省洛陽《らくよう》市新安《しんあん》県）における取り調べで、計吏のもっていた文書を入手、蜀郡の太守を告発するとともに、朝廷の奥に仕える宦官の曹騰が、外部と文書で交際するのはけしからぬ行為だ、と上奏に及んだ。免職にして、裁判にかけるべきだ、と訴え出たのである。

种暠は、なかなかの硬派であった。

もっとも、ときの帝はこの奏聞を却下した。文書は外からのもので、曹騰が朝廷の奥より発したものではない、というのがその理由であった。曹騰は罪にとわれることはなかったが、人の常として种暠に、胸に〝一物《いちもつ》〟もってもしかたがなかったろう。

ところが曹騰は意趣返しを企むどころか、

「种暠は末《すえ》たのもしい人物である」

と褒めそやした。のちに种暠は「司徒《しと》」（〝三公〟の最高位で、宰相）となるのだが、かれはしみじみと周囲に述懐している。

「今日、わたしが〝公〟の地位につけたのは、曹常侍（騰）の力である」

と。注目して以来、曹騰は影にまわって、种暠の出世を手助けしていたのである。

読者諸氏はどうか、曹騰が推挙した人々を、覚えておいていただきたい。とりわけ种暠はのちに、〝名士〟の橋玄《きょうげん》を世に出し、そのことは巡って、町をごろついていた曹操の生活を一変させる縁《えにし》となる（第二章参照）。

政治上の曹騰は、宦官に養子が認められた九年後＝漢安三年（一四四）、三十歳で崩御した順帝のあとも、〝跋扈将軍〟梁冀《りょうき》に協力。二歳で即位して、すぐに崩御した沖帝にかえて、質帝を即位させたものの、「少《わか》くして聡慧《そうけい》」といわれたこの天子は、梁冀に毒殺されてしまう。

## ◆養子・曹嵩の出自

朝廷は誰を次の天子に立てるかで、二つに割れた。

この時である。「太尉」（軍事担当宰相）の李固をはじめとする官僚たちは、青年の清河王《せいか》劉蒜《りゅうさく》を推し、これが多数派を形成した。一方の梁冀は、十五歳の劉志《りゅうし》にこだわった。

朝議は決着のつかないまま、持ちこしとなったのだが、その日の夜、梁冀の邸を訪れ、「劉志を立てるべきです」と、強く勧めたのが曹騰であった。

「その方が安泰ですよ」

と、かれはささやいた、と『後漢書』の李固伝は述べている。

結果、十一代皇帝・桓帝が誕生したが、その誕生そもそもについて、『後漢書』は清河王が曹騰に無礼な態度をとったからだ、としているが、曹騰のこれまでにみた性格を考えれば、筆者はそうではあるまい、と思ってきた。

曹騰は宦官でありながら、内心では「外戚」を応援していたのではないか、と。

換言すれば、曹騰の盤石な地盤は、「外戚」を通して採用された、有能な文武の官僚たちの支持によるものではなかったのだろうか。

心ある官僚は決して、宦官の推挙を受けようとしなかった。宦官よりは「外戚」の方がまだしもましだ、と考えるのが一般的であった。それでいて宦官の曹騰が、文武に優秀な人物を推挙でき、対象者がそれを受け入れたのはなぜか。もう少しわれわれは、深く考えてみる必要があるように思われる。

また、梁冀は宦官と組んだ桓帝によって、自殺に追い込まれていた。人事の妙、といえるかもしれない。その意義、カラクリについては後述するが、実はここにも曹操の世に出るタネが伏せられていた。そのことを表立って述べる、三国志研究家の少ないのには、いささかあきれる思いがする。

とにもかくにも、桓帝が即位すると曹騰は、先帝以来の旧臣として、その忠孝を表されて費亭侯《ひていこう》に封ぜられ、名誉の〝特進の位〟（〝三公〟の下）を与えられた。事実上の、宦官における頂点での引退である。さらにかれは後世、魏の明帝の太和三年（二二九）になると、「高皇帝」と追尊されている。

この曹騰のすべてを継承したのが、養子の曹嵩《そうすう》であった。すなわち、曹操の実父である。この人物も、その氏素姓は定かではなかった。

「能《よ》く其《そ》の生出の本末を審《つまび》らかにする莫《な》し」（氏素姓は、まったくわからない）

と、『三国志』も困惑している。

かりにも曹操は、魏を創業した史上の覇者である。その父に対して、この文章はあまりにもそっけない。先にみた曹操を貶《おとし》める陳琳の檄文の中には、

「父（曹）嵩は乞匄《きっかい》（丐《かい》）より携養《けいよう》（携《たずさ》え養う）せらる」
とあった。『文選《もんぜん》』の唐代の注では、曹騰は子がなかったので、「乞《こ》い丐《こ》われて」養子となったとあり、この「乞丐《きっかい》」は物乞い、つまり乞食《こつじき》のことをも意味していた。

つまり、宦官の親玉が乞食の子を拾って来て養子にした、というのだ。どうやら曹嵩は、曹騰に輪をかけて低い身分の出自――素寒貧《すかんぴん》の犬や猫のように、いやしめられる存在であったようだ。無論、後世になれば、それなりに体裁は整えられている。

曹家の先祖が、前漢帝国の宰相をつとめた曹参《そうさん》（?～紀元前一九〇）だ、というのとかわらない。こちらは劉邦こと漢の高祖が挙兵したおり、沛《はい》国に移住しており、それに参加。曹参は功臣となり、ついには平陽《へいよう》侯に封じられた。代々、爵位封土を継承したようだが、栄枯盛衰は世の習い。いつしか世にうずもれてしまい……。

曹嵩（字は巨高《きょこう》）は、もとの姓が夏侯《かこう》氏。これから曹操の挙兵と共に、天下統一へ邁進する夏侯惇《とん》、夏侯淵《えん》は、そもそも曹嵩のもともとの一族である、血縁関係者であった。曹嵩は夏侯惇の、血のつながった叔父にあたる。

つまり、曹操と夏侯惇は叔父兄弟《いとこ》同士となった。一方の夏侯淵は、夏侯惇の従弟であるという。

## ◆「太尉」となった曹嵩

それまで宦官として、血縁の一族というものを持たなかった曹家が、何かにつけてたよりとしたのが、曹嵩に連なる人々であった。

さらには、曹家と夏侯家をつなぐものがあったとすれば、沛国譙県《しょう》（現・安徽省亳州市《はくしゅう》）――曹操も生まれた、その地縁であったろう。

曹騰は養子とした曹嵩を世に出すため、大金を投じている。霊帝のころ、朝廷内の官職の一部は、公然と売買がおこなわれていた。司隷校尉《しれいこうい》（朝廷内の監察をおこなう官）――大司農《だいしのう》（中央政府の国家財政をつかさどる）――大鴻臚《だいこうろ》（諸侯や帰順した周辺民族に接遇する）と昇進した曹嵩は、養父の一億銭を投じることで、ついには「太尉」（軍事担当宰相）の地位につく。

これは中平四年（一八七）のことであり、このとき実子の曹操は三十三歳になっていた。

読者諸氏はどうか、この父子が共に帝国のなかにいた時期のあったことを、うっすらとでけっこうである、覚えておいていただければと思う。曹操は祖父のみならず、父の余慶もうけていたのである。ちなみに、「太尉」の相場は本来、『魏書』に拠ると一千万銭であったそうだが（『魏書』）、そこを宦官ゆえに足もとをみられ、曹騰は十倍の高値で、この地位を曹嵩に買い与えたことになる。

この一件も、先の陳琳の檄文には厳しく書かれていた。

曹操はこうした特殊な家庭に、教養の高かった祖父の庇護のもと、その養子を実父に、金銭的には何不自由のない生活をしながら、物心がついて以来、精神的には宦官の家系と忌み嫌われ、さげすまれ、それを受け止めての反動であろう、十代は不良仲間と遊びほうけていたわけだ。

ただ、自らの内にある矛盾――世間に対する反発と、この世の中を変えてやろうとの野心、〝士〟でありたいと願う心底に、かれは日々さいなまされていたにちがいない。

（このままではいけないのはわかっているが、では、何をどうすればいいのか――）

若者の思いは、時代に不変である。

モヤモヤしたやるせなさは抱えているが、その具体的な突破口が見つからない。では、曹操はどこで、どのようなタイミングで、これまでのような傍若無人で無軌道（でたらめ）な行動＝「任俠放蕩《にんきょうほうとう》」を改めて、まともな道に自らを修正したのであろうか。

すでにふれた儒教・儒学について、加えて曹操が更生するうえでも重要な、朝廷の官僚＝士大夫の条件について、ここでは確認しておかなければならないことがある。

「魯国《ろこく》を以《もっ》てして、儒者は一人《いちにん》のみ」

という、痛烈な言葉が『荘子《そうじ》』の外篇にある。

魯はいわずとしれた孔子の郷里であり、それゆえに儒学を修めた儒者は、中国大陸全体でみても、この地方は決して少なくなかった。

にもかかわらず荘子《そうし》（人物としては「そうし」と読む　紀元前三七〇～同三〇〇頃）は本物の儒者はたった一人しかいなかった、真の学者というものは少ないものだ、とサラリといってのけたというのだ。

魯の哀公《あいこう》（少し年代が合わないが）があるとき、荘子にむかって嘆いたという。

「わが国には儒者が多い。なぜなら国中の者が、流行《はやり》の儒者の服装をしているからだ」

ならば、と荘子はいう。

「どうでしょう、国中に布告を出して、儒者の道をおこなわずして儒服を着ている者は死罪に処する、といってみられては」

なるほど、と哀公がその通りにしたところ、国中の者はいっせいに儒服を着用しなくなった。ところがその中に一人、儒服を着て哀公の門前に立った者があった。ためしにもちいたところ、たしかにこの人物は本当の道を知る儒者であった、というのだ。

## ◆士大夫の学問

素朴な民族間の道徳・習俗・倫理から出発した儒教には、これこそが儒学だ、といえる教典がなかった。孔子は少なからざる文章や言葉を残したが、それは範例のようなもので、

模範解答ではあっても、それ以外に答えがない、といい切れるほどの強制力を持ってはいない。そのためであろう、

「儒は文を以て法を乱《みだ》り、俠《きょう》は武を以て禁を犯す」（『韓非子《かんぴし》』）

学者は、学問の誤用によって法をやぶることがある。仁俠者《にんきょうしゃ》は武の乱用によって、国の禁令を犯す。中国において「儒《じゅ》」は学者そのものを指している、といっても過言ではなかった。同じようなニュアンスで、『古文真宝《こぶんしんぽう》』に収録された杜甫《とほ》の五言古詩「韋左丞《いさじょう》に贈る」では、「儒冠《じゅかん》は多く身を誤る」とあえてふれられていた。刻苦勉励《こっくべんれい》して儒教を学び修めた人間は、とかく報いられることのない境遇となるものだ、の意である。

〝仁〟の理想を通そうとすると、職を失い、ときに生命《いのち》まで取られてしまう。かといって、時勢権力におもねって儒学をもちいれば、〝曲学阿世《きょくがくあせい》〟（時流や権力にへつらって、真理をまげた学説を唱えること）の徒と指弾された。

それこそ、杜甫の「酔時歌《すいじのうた》」を思い浮かべたくもなる。

「儒術《じゅじゅつ》、我《わ》れに於《お》いて何かあらんや。孔丘《こうきゅう》、盗跖《とうせき》、倶《とも》に塵埃《じんあい》（ちりやほこり）」

儒学を究めてみたところで、いったいどれほどの意味があろうか。聖人孔子も泥棒の大親分の盗跖も、死んでしまえばともに塵埃でしかないではないか。

実に、厄介な学問である。今日の日本にそのまま置き替えることは難しいが、一般教養、常識とイメージすれば近いかもしれない。

――この儒教を必要とした人々が、〃士〃であった。士大夫ともいう。かれらも宦官とともに、その不在証明《アリバイ》が歴史的に難しかった。

春秋（紀元前七七〇～同四〇三）、戦国（紀元前四〇三～同二二一）を濾過《ろか》して、秦の始皇帝や項羽と劉邦の活躍した時代、地方の豪族や富貴な身分の人々の中から、学問を身につけた智恵者が、群り出るようになった。当初、学問にも実に豊富な種類があり、〃諸子百家〃と呼称されたように、孔子の儒学のみならず、真逆の荘子、さらに一歩進めた老子、博愛精神を強調した墨子《ぼくし》、外交を口先三寸で述べる縦横家《じゅうおうか》の鬼谷子《きこくし》など。

そうした〃諸子百家〃の中で、一番早くに最大勢力となったのが、「法家《ほうか》」であった。この方式を採用して、天下に覇を唱えた嚆矢《こうし》こそが秦《しん》であった。

中国大陸の西北角に興ったこの小国は、当初から、半農半牧の非漢民族が国内に多数ひしめき合っていた。そのため、これらを統御するには、法律と刑罰という「力」＝鞭による統制主義以外に方法はなく、「法家」のやり方は実に、この国の国情に馴染んだ。

## ◆「刑名の学」の功罪

法家は別名を「刑名《けいめい》の学」というが、「刑」の意義は今日のわれわれのイメージとは、少し異なる。「刑」は「形」と同義であり、名に対する実の意味といわれ、したがって、名と実が備わることを求める学問、といった意味合いのものであった。

言い換えれば、官僚制の軀幹《くかん》ともいうべき地方長官は、その役職名にふさわしい仕事を果たさなければならないし、当然のこととして、国家が定めた法規は厳守せねばならない、と法家は説いた。法を犯した者が、それ相応の処罰を受けるのも、逆に、賞すべき事柄について適切な恩賞を与えるのも同様であった。「刑名の学」とは、こうした管理体制はいかにすれば確立されるか、を考究する学問であったといえる。

ただ、この学問は突き詰めれば倫理を否定し、法を万能とする考えに到達した。

また、国家の拠りどころとする点において、国家の力が衰亡すれば、法はその実力を失い、国家が滅亡すれば、法は煙のごとく消え去ってしまう。

ともあれ、秦は中原《ちゅうげん》に成熟しつつあった文化には縁遠かったが、西方の彼方から伝えられた銅や鉄、あるいは真鍮《しんちゅう》の冶金《やきん》技術に恵まれ、武具、農具は他の戦国六ヵ国（楚《そ》・斉《せい》・燕《えん》・韓《かん》・魏《ぎ》・趙《ちょう》）を凌駕《りょうが》していた。

大秦帝国の奇跡としかいいようのない大陸統一は、まさに「法家」を基本とする、優れた武器によるものであったといえるだろう。また、その消滅も同じ理由にもとづいていた。

ただし、「法家」の思想自体は、決して消滅はしなかった。

孔子《こうし》のいうように、

「之《こ》れ（法家）を道《みちび》くに政《まつりごと》を以《もっ》てし、之れを斉《ととの》うるに刑を以てすれば、民免《まぬが》れて恥なし。之れを道くに徳を以てし、これを斉《ととの》うるに礼を以てすれば、恥ありて且《か》つ格《ただ》し」（法律や刑罰で民に秩序を保たせようとすれば、民はそれらに触れぬように努めはするが、恥をわきまえない人間となる。一方、徳と礼によれば、民は不義を恥じる心の持ち主となる）

だが、血縁・地縁によって構成されていた狭い社会が崩壊し、人々の往来が激しくなり、かつての領域が拡大していくと、仁とか信・忠といった美徳だけでは、秩序の保持はむずかしくなったのも事実であった。現に「血」と「徳」を説いた孔子は、思想家としては後世に名を残し得たが、政治家としては諸国で受け入れられず、成功することはなかった。

曹操は天下の覇権を掌中にするや、すみやかに「法家」を自己の影響の及ぶかぎりに用いた。戸数や壮丁《そうてい》（労役・軍役に服する者）を掌握し、賦役、租税を早々に納めさせ、人民の管理をより正確にして、重農主義、信賞必罰、私闘の厳禁といったことを実施。厳格なまでの徹底を人民だけでなく、朝廷内にまで求めた。この法家の採用こそが三国鼎立の時代、魏《ぎ》をもって蜀《しょく》・呉《ご》に優越させる原動力となった、と筆者は看做《みな》してきた。

このほか〝諸子百家〟には、分野を特化した兵家、法家、農家、暦家——云々。

かれらは大陸全土を、人々が広く往来するようになると、商品が広域に流通するように、われとわが身を流浪《るろう》させた。自らの学問を、実践するために。その結果、徐々に門地・出自は問われなくなり、かれらは個人としては貧しくとも、〝賢《けん》〟でさえあれば、世の中は了《りょう》とするようになる。

いわゆる教養――かれらは己れの智恵や才覚、情報収集能力や特殊技能（語学や科学、数学、物理など）を、いつしか故郷を離れて諸国の実力者に売りつけ、わが世過《よす》ぎ（世渡り）とするようになった。時代も幸いした。諸侯は生き残りを懸けて、〝賢〟＝賢者の賢才を乞い求める。需要と供給――売り手を買い手が呼び込み、人材がいわば商品と化して天下に流出した。

その間、諸子百家が淘汰され、儒学が学問の王座にすわることとなる。もともとの原始道徳・習俗の系譜であり、説得力が強かった。なかでもレベルの高い〝賢〟は、統一国家の秦では国家官僚に登用された。

時代が下るにしたがって、〝賢〟＝儒学を教える塾や学舎が興るようになる。

## ◆「外戚」と宦官につぐ第三勢力

〝賢〟は日本の封建制度における武士の教養、優秀な大学出の人々の、一般教養に置きかえられなくもないのだが、ここでいささか厄介なのは、かれら〝賢〟は相互に縦横のつながりを持ち、各々の〝賢〟の学派、派閥を形成した点であった。

そして、そのトップクラスに君臨するものを、特別に〝名士〟と尊称した。この〝名士〟が理解できないと、三国志の時代の雰囲気が摑《つか》めず、曹操の立ち直りがなぜ、かくも短期日におこなわれたのか、おそらく読者には納得できないにちがいない。

かれら〝名士〟は、〝賢〟の間に得た名声を自らの存立基盤としていた。作品を発表する役者、作家、芸術家——同じ道を歩む人々に、圧倒的な支持をされている先輩＝〝名士〟——心から尊敬される師、先人、恩師などを思い浮かべても、中国における〝名士〟は説明し難い。ファンに支えられている知的アイドル、読者に恵まれたベストセラー作家、今日しきりと耳にする、〝カリスマ〟と呼ばれる専門分野別に存在する人々の、雰囲気が最も近いだろうか。

〝漢〟の帝国においては、諸国の豪族が広大な土地を所有し、一族的な結合によって、地方での勢力をもつことで、社会は成り立っていた。ところが〝名士〟は、〝賢〟＝文化的諸価値（知的所有権も含む）によって存立しており、土地にしばられることもなく、名声の維持・発展のためならばむしろ、自ら地域を移動することも辞さなかった。

今日の日本における、母校大学出身の有名人のようなもの、とも連想できようか。しかし、ニュアンスがちがうようにも思う。

ただ、いずれにせよ自分自身を持ちだねにする者は、往々にして都を目指す。これは、いつの時代も変わらない。人が多く集まる分、チャンスが生まれる確率も高い。田舎に比べて諸事物価が高い分、〝賢〟の価値も上々であった。

〝漢〟の帝国の時代、国家官僚の採用試験「科挙」は未《いま》だなかった。が、その雛形《ひながた》ともいうべき制度は存在した。「選挙《せんきょ》」（郷挙里選《きょうきょりせん》）と呼ばれるのが、それである。

ここから、「外戚」、宦官とは異なる第三の勢力が生まれた。

これは六つの徳目——即ち、「賢良方正《けんりょうほうせい》」（賢く善良であり、おこないや心の持ち方が正しい）・「直言《ちょくげん》」（遠慮せず、自分の考えをはっきりいう）・「明経《めいけい》」（経書《けいしょ》に通じている）・「有道《ゆうどう》」（正しい道にかなっている）・「茂才《もさい》」（学才にすぐれている）、そして「孝廉《こうれん》」（孝行で正直である）といった、儒学の基本に添って、地方の郡の太守や国の〝相〟（分国の大臣）、中央の大官が、これはと思う人材を中央に推薦する制度であった。

〝賢〟にとっては、花の蜜に集まるみつばちのようなもの。かれらは群らがるように、国家官僚を目指した。そのための、洛陽の太学生や地方の私塾に学生が、引きもきらずに群集する。かれらは〝名士〟を目指しつつ、自らを〝清流〟と位置づけた。

私利私欲、利権に走る宦官を、〝濁流〟と称した対《つい》である。

青雲の志を抱いて、みごとに有力なポストにつけば、己れの〝賢〟が実践できた。世の中を良い方向へ導けるのだ。かれらは自らを〝士〟＝士大夫と称し、若い頃から六つの徳目をみがいて、清廉な〝士〟となるべく努力したが、その行為は後漢帝国にあっては、必然的に宦官《かんがん》に反発する者や陰ながら敵愾《てきがい》心を燃やす人々を、生み出すことにつながった。

半面、士大夫たちが官僚のトップ〝三公〟を目指すためには、「外戚《がいせき》」か宦官かの二大勢力のうち、いずれかの支持を得なければならなかったが、〝士〟は宦官を拒絶し、よりべターな選択として「外戚」を頼った。

## ◆相継ぐ「外戚」の敗北

もっとも、曹操の祖父・曹騰がそうであったように、宦官でありながら「外戚」を助けるもの、〝士〟を支援するものもいた。「外戚」と宦官の対立は、ときに一方を葬ろうとしたが、ときには共倒れになることを心配し、共存共栄をはかるべく、相互に縄張りを尊重し合うことも少なくなかった。

たとえば、「外戚」は中央政府の官僚と地方の郡守クラスを勢力圏とし、地方の県令クラス以下は、宦官の領域といった具合に、相互の縄張りを定めていた形跡もある。

そのため、盤石の重みで双方から押えられた第三勢力の士大夫は、なかなか上位を占めることができなかった。やがて、〝賢〟に逆流現象がおきる。

「汚濁《おだく》にまみれた、中央になど行かぬ」

あえて、任官を拒否する〝士〟が出はじめた。

なにしろ、宦官に「人材」を推挙する権限が与えられている。推挙される〝賢〟が高潔な人士としてのプライドを持っていた場合、あるいは文武に精通した人物であったなら、かれらは決して宦官の推薦を潔しとしなかった。

地方にもサロンはあり、〝名士〟はいた。かれらが政治議論や人物批評を話し合う「清議」は、何処でも人気を博している。こうなってくると、何が何んでも都へ、国家官僚になろう、とは思わない人々もより多く存在するようになった。

これから見るように、諸国に英雄豪傑が群り出たとき、〝士〟は大陸全土に散っていた。もし、曹操が出現しなければ、〝士〟の流れに再び中央集権化が起きず、三国鼎立はやがて、さらなる分裂を引き起こしたにちがいない。かれが魏を建国してのち、晋に国をつないですら、五胡十六国の分裂時代は起きていたのだから。

ただ、現時点――曹操が不良少年をやっている頃――宦官に阿《おもね》り、その手先となってまで官途に就こうとする者に、さほどの〝賢〟や気概《きがい》のある士大夫はいなかった。

そのためであろう、小役人根性でつとまる県令以下の、小粒なポストにかれらが集まったのも、当然のことであったかもしれない。だが、下をふさいだことにより、帝国は血脈《けつみやく》を堰き止められたように硬直し、いっそう弱体化を早めていった。

桓帝を飾り物にして、〝跋扈《ばっこ》将軍〟梁冀の横暴はとどまるところを知らず、二十年間、かれは朝廷を独裁する。梁冀は帝国の要職を一族で独占し、たてつく者や批判する者は闇から闇に葬った。軽んぜられた桓帝は、ついには宦官たちと梁冀暗殺の機をうかがう。延熹《えんき》二年（一五九）七月、梁太后が崩ずると翌八月に、ついにクーデターは決起され、さしもの梁冀もふいを突かれて自害し、かれの一族や追従したものはすべて誅殺・追放となった。

クーデターを謀議した五人の宦官は、この時、すべて列侯（〝漢〟帝国における実質的最高爵位）となった。

これによって燥《はしゃ》ぐような宦官の天下が、以後三十年つづくことになるのだが、〝満つれば欠ける〟で、権変詐謀《けんぺんさぼう》にたけて増長した宦官は、梁冀と同様に天下を取ったその日から、落日の第一歩を踏み出すことになる。

途中、永康元年（一六七）に桓帝が崩御し、十三歳の霊《れい》帝が立った。竇《とう》太后が摂政となり、その兄・竇武《とうぶ》は大将軍となって、久しぶりの「外戚」政権が誕生した。

竇武は政権を盤石なものにするためにも、この際、宦官を朝廷から一掃しようと考えた。第一次党錮の禍（党錮の禁とも）の解除を働きかけ、〝士〟の代表＝反宦官連合の代表ともいうべき太傅《たいふ》（皇帝を教育する名誉職・〝三公〟の上の位と人事したもの）・陳蕃《ちんばん》の、殲滅《せんめつ》計画は事前に宦官派に漏洩《ろうえい》し、竇武は逆に殺されてしまう（自殺説あり）。

## ◆〝名士〟の受難

建寧元年（一六八）九月のことであった。中常侍の曹節が天子の詔勅をいつわって、「外戚」と官僚の連合勢力を一網打尽にしたのである。

蛇足ながら、竇武と一緒に殺害された陳蕃は、人物評論家としても著名で、汝南《じょなん》郡（現・

河南省駐馬店市《ちゅうばてん》）を代表する〝名士〟であった。

日本にも、かれのファンは少なくなかった。たとえば、〝寛政の改革〟を指導した、江戸幕府の老中・松平定信などは、十四歳のとき、『後漢書』陳蕃伝を読み、「これぞ天下を清くするの心」と、思わず膝を打って感動した、という逸話が残されている（『宇下人言《うげのひとこと》』）。

それほどの人物が、宦官に殺された。〝名士〟の教養は、兵学のそれとは本来、別のであったことが、この一件をみても明白となる。

心ある廉節の〝士〟たちは、考え込まざるを得なくなる。

これまで「外戚」と宦官の横暴な振る舞いを無念と思いつつ、かろうじて我慢してこれたのは、それでも一方の「外戚」ルートでの推挙があったからだ。

これを拒絶すれば、中央での出世は不可能となる。逆流もあったが、残留組もいた。それが宦官たちの朝廷完全支配となり、中央へ推挙される唯一の——宦官の推挙を潔しとしない者の——ルートが閉ざされてしまった。

これまで細々ながらも、己れの行く末が望めた〝士〟たちが、ここにきて完全に望みを絶たれたわけだ。かれらの忍耐も、ついに限界を超えた。洛陽《らくよう》の太学に学ぶ三万の「諸生《しょせい》」が、宦官排斥の尖兵と化していく。

諸生、書生、学生——後世の〝生〟はニュアンス、若い。が、〝漢〟の帝国の時代、〝生〟は知識人の尊称であり、先の陳蕃であれば陳生《ちんせい》と称されてしかるべきであった。陳生とした場合、その〝士〟としての教養の目的は、竇武という「外戚」の力をてこにして、それこそいにしえの孔子が唱えた、理想の国創りをするところにあり、

「宦官を皆殺しにしましょう」

と、竇武にむかって急立《せきた》てたのも、その理想にむける情熱に憑《つ》かれていたからであろう。

が、学問と政治の実践はかならずしも一致せず、こうでなければならない、という理想に憑恃《ひょうじ》（よりかかり頼む）した分、脇が甘くなっていたのかもしれない。

えてして、「諸生」は策士にむいていなかった。

陳蕃は宦官誅滅計画を立案する前、宦官の人員を減らしたり、給料を減額したり、その生活力を弱めるための方策を実践していた。

が、その行為を生活権を奪うものと恐怖した宦官は、先手必勝で陳蕃を亡きものにし、翌建寧二年（一六九）に大規模な「外戚」派——もとより〝士〟も含む——の粛清に踏み切った。第二次党錮の禍であるが、これはその前の第一次とは比べものにならないほどの凄まじいものとなった。天下に名を知られている者、儒学に秀でている者は、名前があがり次第、逮捕された。捕えられた者六、七百名。うち、殺された者は百名を超えた。

その逮捕者の一人に、天下の〝名士〟にあげられ、〝士〟はこぞって標榜《ひょうぼう》とした人物、李《り》膺《よう》（字は元礼《げんれい》）も含まれていた。

「逃亡すべきではないか」

勧めてくれる人もいた。事実、〝士〟の中には地方へ難を逃れた者も少なくなかったが、李膺はこのとき六十。今さら、どこへ行けというのか。

「死生は命《めい》有り」

運命だろう、と自ら刑に服した。

## ◆〝名士〟のスター・李膺《りよう》

李膺と並び称せられた汝南郡（現・河南省駐馬店《ちゅうばてん》市）の〝名士〟范滂《はんぼう》（字は孟博《もうはく》）は、逮捕状を携えてきた執行官が、逮捕状を抱えて泣くありさま。出頭すると長官の呉導《ごどう》は、自分も辞表を出すから、一緒に逃げましょう、と言い出す始末。

「あなたを巻き添えにはできない」

范滂は断って、刑に服する。その別れ際、かれの母はいう。

「お前が李膺殿や杜密《とみつ》（陳蕃・李膺と朝廷で働いた〝名士〟）殿と、名を並べる光栄に浴しただけで、私は満足です。名声を得たうえに、さらに長生きをしてほしいなどと、欲張ったことは申しません」

その言葉に周囲の人々は涙したという――このとき范滂は、三十三歳。

宦官の〝士〟に対する恨みつらみは、どこまでも執拗であり、逃亡した〝名士〟を匿った者も、決して許さなかった。范滂と同様に、荊州（現・湖北省一帯と湖南省の一部）の刺史《しし》（もと地方の監察官、後漢では地方行政長官）・劉表《りゅうひょう》（詳しくは後述）の友人として、「江夏《こうか》の八俊《はっしゅん》」に数えられた張倹《ちょうけん》は、逃亡を選択。途中、旧知の孔褒《こうほう》の家に身を寄せた。

このとき、孔褒は留守であったが、弟の孔融《こうゆう》は兄にかわって張倹を匿《かくま》った。のちにそれが発覚したとき、孔褒はもともと頼られたのは自分だと、匿った罪を被ろうとし、孔融は実際に匿ったのは自分だ、と主張。あげくには二人の母が、一家の責任は私にあります、といい出し、「一門死を争う」事態となった。

この一件は朝廷にまでもち込まれ、結局、孔褒だけの連座となる。このとき十七歳だった孔融は、この一件でその名を天下に知られるが、そのため後年、曹操とも交り、信じられないような最期《さいご》を迎えるのだが、孔融自身、そういう具合に成長してゆく自分に、この時は少しも気づいていない（詳しくは後述）。

ついでながら、今日でもよく耳にする、

「登龍門」

という単語は、このころ、「諸生」たちが己れの目標とした、中央の「孝廉」出身の高官、李膺に認められた若者のことを羨《うらやま》しげに指して生まれた言葉であった。

「登龍門」――正しくは、黄河の上流に「龍門」と称する急流があり、そこにはおびただしい魚が群れていたが、滝登りのできる魚はめったにいないといわれ、この「龍門」をのぼった魚はやがて龍になる、との古《いにしえ》のいい伝えがあった。それほど、〝名士〟李膺の知遇を得ることは難しく、反面、価値があったということになる。

李膺は、非業の最期をとげた汝南郡（現・河南省駐馬店市）の陳蕃と並称された〝名士〟で、潁川郡《えいせんぐん》（現・河南省許昌市《きょしょうし》）の出身。やがてその縁《えにし》は巡り巡って、李膺に認められた〝士〟の多くが、のちに曹操の軍事・政権に参加することとなる。

加えて、実はこの李膺こそが、曹操の世に出た初期の活躍をみるとき、自らのモデルとした人物第一号だった、と筆者は考えてきた。

歴史は前へ前へと遡《さかのぼ》るほど、対象の実像が摑みやすい、とすでに述べている。本人を知るにはその父母、師・友を、さらには祖父母や先祖を知ることの意義は大きい。

本書が曹操の世に出るまでを重要視し、ページをとって枚挙《まいきょ》している（一つ一つ数え上げている）のも、そのためである。

この作業は、人の仕事においてもかわらない。誰しもが、何ごとかを企画・立案するときは、かならずといっていいほど、その〝前〟を持っている。参考としたモデル、ヒント。応用にいたった基礎、誰かの助言——云々。

曹操にとって李膺は、こう成りたいと思わせるにたるモデル、理想の好漢であった。

## ◆理想の李膺と現実の曹操

とにかく李膺の活躍は、〝士〟の鑑《かがみ》、羨望《せんぼう》の的のような人物であったといってよい。かれは河南尹《いん》（都の洛陽が置かれた河南郡の行政長官）に抜擢されるや、腐敗した役人や豪族を一網打尽《いちもうだじん》にし、軍を自ら率いては鮮卑《せんぴ》族と戦い、一度は朝廷の二大派閥――「外戚」と宦官――から煙たがられて処罰されたが、屈することなく司隷校尉《しれいこうい》――今日の日本でいえば警視総監ともいうべき、帝都の警察権を掌握する重職に返り咲く。

かれは己れに与えられた権限で、可能なかぎり宦官の不正を矢継ぎ早に摘発し、なかでも、幅をきかせていた宦官の「十常侍《じゅうじょうじ》」の一《いっ》・張譲《ちょうじょう》の弟である張朔《ちょうさく》を、貪欲非道《どんよくひどう》のゆえをもって洛陽の牢獄にぶち込んだ。取り調べ後、皇帝の勅許を得ずに処刑している（『後漢書』）。

李膺はよほど思い切りのよい、腹のすわった人物であったようだ。朝廷に巣食う悪徳宦官たちは、一斉に息をひそめ、休日といえども外出を憚《はばか》った。

桓帝がけげんそうに、その理由を訊《たず》ねると、かれらは涙を流しながら、

「李膺が恐ろしゅうございます」

身を竦《すく》ませて、震えあがったという。

こうした李膺の強気の背景には、いうまでもなく、「諸生」の醸し出す世論の圧倒的な支持が見逃せない。だからこそ、自身も大弾圧をされたのだが、「外戚」を打ちのめし、朝廷を支配したかに見えた宦官にも、「諸生」という新たな敵が地方から、わきあがっていたのは確かである。そしてかれらが、三国志の英雄豪傑と合体していく。

——さて、われらの曹操である。

第二次党錮の禍がおこなわれていた、まさにその頃のことであろう。孫盛の『異同雑語』に、李膺ともかかわった暴虐《ぼうぎゃく》な「十常侍」の張譲《ちょうじょう》の邸に、曹操がこっそり侵入した事件が報じられていた。

張譲に気づかれた曹操、庭の真中で戟《ほこ》をふりまわして大立回りを演じ、土塀をのりこえ這《ほ》う這《ほ》うの体《てい》で逃げたようであるが、人並みはずれて反射神経・運動神経には恵まれていたのだろう。殺されていても文句はいえなかった。

あるいは、あこがれる李膺に助太刀したつもりでいたのかもしれない。

しかしながら、やっていることは相変わらず他愛《たあい》がない（子供じみている）。

後世に名を残すような人物は、多少なり、少年時代からそれなりの、一般の子供たちとは異なった資質、片鱗を表わすエピソードをもつものだが、霊《れい》帝の熹平《きへい》三年（一七四）、二十歳の曹操が「孝廉《こうれん》」（清廉な人物を各地の長官が推薦し、朝廷に採用する方法）に挙げられ、〝官〟のスタート台に立つまで、かれにはその種の逸話がまったくなかった。出てくる挿話は、俠《きょう》に任せた放蕩のくり返しばかり。

すでにみた如く、〝士〟の推薦にはほかに、「賢良」「方正」「茂才《もさい》」（秀才）などの品目が用意されていたが、これらはいずれも儒学的な徳目であり、曹操の日常を考えれば、任官そのものもまったくといっていいぐらい、似《そぐ》わなかった。

## ◆空想の世界に遊ぶ不良

官僚・官吏に登用されるためには、〝士〟であることが前提条件であったことは、くり返し述べてきた。宦官の家系の曹操も、父の曹嵩が宦官ではなく、帝国の要職についていた。かろうじてかれ自身、〝士〟の出身といえなくもなかった。

が、綿密にいえば、〝士〟は〝名士〟に認められ〝賢〟と交ってこそ、その存在を世に知らしめるもので、十代の曹操は人に仕える気もさらさらなければ、日常は遊侠にちかい無頼の生活を送っていた。よほど、この世を生きているのが嫌であったのだろう。

「世の人は未《いま》だ之《これ》を奇《き》とせざる也《なり》」（『魏書』武帝紀）

ようするに、ただの不良だ、と世間は曹操を思いつづけていた。

ではのちの、かれの将来に広がる人望力は、いつ、どのように育《はぐく》まれたのであろうか。

筆者は突飛ながら、かれの仁俠放蕩の生活――その中での空想の産物として当初は生まれ、成長したものではなかったか、と疑ってきた。

日々、不良グループ同士の喧嘩三昧《ざんまい》の中で、曹操は空想していたはずである。

（もし今、俺に一千人の手下がいれば……）

などと。それに自らの生まれ育った郷里の山河が広がり、千人の手下は曹操の思い通りに、喧嘩の配置についた。空想の世界でかれの考え出した作戦は常に完璧であり、その統率もみごとで、またたくまに〝敵〟を包囲殲滅《せんめつ》する。ふくれあがった曹操の想像力は、そのしたがえる手下の数を徐々に増やし、やがて喧嘩は軍事＝征戦へと飛躍していく。

どの時点で、かれが『孫子』を手にしたのか、これは今もって定かではない。が、喧嘩三昧が軍事能力の高み――あくまで空想の世界だが――に登ったときには、そのかたわらには『孫子』があったはずだ。

併せて、曹操は放蕩無頼の生活の中で、人と人とが結びつく微妙な機微を、感覚的・体験的に学習していた。これはかれのその後を考えるとき、とてつもなく大きかった。

少し外側から、俯瞰《ふかん》してみよう。

国家には、英語のレパブリック（Republic）の意味がある。

レパブリックは、ラテン語のレス・プブリカ（res publica）から来ていた。公共のもの、となる。すなわち、私的（プライベート）なものと対極をなす次元が〝公〟であり、自己、家族、知人といった次元とは異なる世界が、〝公〟となった。町村、都市、県、国、国際社会といった公共性の高いものは、ことどとく〝公〟とみなされた。

日本の教育制度に、社会科（social studies）という教科があり、一分野に「公民」がある。しかし筆者は常々、内容と学科名に違和感があった。本来はレス・プブリカの構成員であるはずの「公民」が、その肝心要《かんじんかなめ》の「公共のもの」という観点を見失っていないだろうか。

「社会」はラテン語のソキウス（socius）からきた語だが、このソキウスには本来、「相互扶助」の精神が宿っており、それこそ曹操のぶらついた〝俠〟の世界にも通じる「仲間」「連帯」という意味合いがあった。

ところが、世にいうエリートほど、この「公民」「社会」が皆目、理解できていない人々はいない。現実社会から、浮いているのだ。これは、時代に関係がなかった。人間そのものにかかわるのが、常であった。

## ◆曹操の強味

現代の日本社会に置いてみればよい。

二十一世紀の今日にいたっても、管理職の立場の人が、部下がいうことをきいてくれない、思うように働いてくれない、と嘆き、グチることがある。

これは歴史にくり返されてきたもので、つまりは上司が部下の中で、浮き上がってしまっていることが原因である。そのため、威令がおこなわれず、管理職は自分の能力の限界にぶつかってしまう。あげく、悩みすぎて鬱病《うつびょう》にかかる人も少なくない。

とりわけエリートコースを歩んで来た人に、この傾向は強い。

なぜ、こうなるのか。頭だけの秀才は試験に合格する技術、記憶力にはすぐれているが、一面、人間としては未熟であり、人間を知らず、人格面においても魅力が乏しい。

その証左に、書類を起案したり、情報をまとめたり、決済する事務能力には長けている。いわゆる〝能吏〟であるが、かれらは部下も現場（戦場）も往々にして知らない。人間そのものをも、理解していない場合が多かった。そのため、実戦の指揮をとる段になると、まったく迫力に欠け、部下を統御できないのである。

その点、曹操はグレていたがゆえに、底辺の人々、屈折した無頼の心情を肌で感じとることができた。これこそが、〝俠〟のプラスの要素といってよい。人と人が出会い、交ることによって生まれる団結心、人脈ともいえようか。

これからみる曹操もそうだが、賭博《とばく》的な挙兵をするとき、個々の指揮官や兵卒の能力の高低は、さほど重要ではない。それよりも団結心のほうが肝要であり、人との調和がうまくゆかない人はまとめ役に使えない。まして、リーダーにはなれない。

ただし、この〝俠〟は〝名士〟の世界の〝賢〟とは大いに異なっていた。義理人情の世界であり、理智的に自らの進退を決める世界とは似ても似つかない、非なるものであった。「知己《ちき》の恩」――すなわち、礼を厚くして賓師のごとく扱われたならば、〝俠〟は〝勇〟〝賢〟をもって、その相手に報わねばならない。しばしば、俠死を迫られることもあった。

しかも「知己の恩」の深浅は、ほどこされた側の判断にゆだねられた。

一宿一飯の恩義で、ときには生命《いのち》も差し出さねばならず、義理からの出入り（殺し合い）にも身をさらさねばならないことも。曹操は、この尋常ならざる世界の軒端《のきば》にいた。まだ全身〝俠〟には染まってはおらず、〝士〟の世界へ転進できるほどの距離を保ちながら。

しかし〝漢〟の帝国には、前後ともに、いたるところに〝俠〟のきずなが形成されており、その縦横のつながりは凄まじいほどの情報網、財力、ときには軍事力を生み出した。

## ◆身につけていた宝

曹操という、一見摩訶不思議《まかふしぎ》な人物を考えるとき、決して忘れてはならないのが、この〝俠〟の世界のはしを、かれ自身がほっつき歩いていた時期が十代、けっこう長かった、ということである。

このことは、別方面からも考察してみるべき価値があった。

祖父・曹騰、父・曹嵩は、幼少期から十代にかけての曹操をどのように受け止めていたのだろうか。

「おまえ、そんな様《ざま》でこの先、どうするつもりなのだ」

宦官の家とはいえ、貴族らしい典雅な容貌《ようぼう》と身ごなし、教養を身につけていた祖父と父の二人は、口やかましく曹操の日常に嘴《くちばし》を入れたであろうか。

おそらく、口をきわめて怒鳴《どな》るようなことはしなかったであろう。

「この子はみどころがある」

むしろ曹操の才幹に、二人は失望しなかったにちがいない。

漢字を教え、儒学を修めさせるべく学問の師をつければ、曹操はザッと覚えて、筆を折ったであろう。〝士〟の教養である文武の武も、基礎動作をくり返すという作業は、学問とかわらない。おそらく途中で退屈したであろう。

そうした一見、何事にも挫折しやすい曹操に、あるとき曹騰なり、曹嵩なりが、

「いったいお前は、どのようなことなら心底、打ち込めるのか？」

内心腹立たしくもあり、不安にもなって、尋ねたかもしれない。

すると曹操は、

「大勢の相手を倒す術があれば習いたい」

日々の喧嘩三昧を想定して、項羽と劉邦の一方、項羽の無名時代に口にしたようなことを、曹操も語った公算（見込み）は高かった。〝諸子百家〟のなかで、兵家は存在している。

おそらくインテリの曹騰は、『孫子』を知っていたであろう。軍略・兵法の書を与え、ときに軍記の講釈師を呼び、講義をさせたこともあったにちがいない。曹操は〝俠〟の世界でさまよいつつ、闘いのノウハウは積んでいた。講釈を一二度聴けば、具体的な場面が、脳裏に浮かんだに相違ない。

もしかすると、曹操の生涯、そのかたわらにありつづけた『孫子』は、曹騰か曹嵩の与えたものであった可能性もある。曹家の蔵書に、あったかも。

すでにみたように、曹操は外貌上、特別目立つ男ぶりではなかった。ただ悪さ一つをとっても、頭脳の回転は素早く、遊俠《ゆうきょう》の世界にどっぷりつかるほどの、一種匂うような愛《あい》嬌《きょう》ももっていたにちがいない。人気といい替えてもよい。ただし、不良仲間でのものであり、これから詳しく登場する宿命のライバル・袁紹と比べれば、この時点では弟分的な一格下がる程度のものでしかなかった。

それにしても、合点《がてん》がいかない。この曹操が天下に覇を唱える人物になろうとは――。

# 第二章

# 邂逅

## ◆転機を与えた〝名士〟橋玄

世に掃《は》いて捨てるほどにいた、無頼の徒の一人、曹操がまともな〝士〟の世界へ向きをかえるには、当然のごとく、新しい出会いが必要であった。

人はいつの時代でも、〝邂逅《かいこう》〟によって人生が変わる。また、人生が変わらないような出会いは、そもそも〝邂逅〟とはいわなかった。曹操の邂逅した人物こそが、橋玄《きょうげん》（字は公《こう》祖《そ》）――世に知られた〝名士〟である。人物を識別する能力に、優れていたという。

厳正公明な橋玄は、『礼記《らいき》』の解釈で一家をなした学者・橋仁《きょうじん》の七世の孫であり、儒学を修めた文武にすぐれた人物。朝廷の〝三公〟（司徒《しと》・司空《しくう》・太尉《たいい》）をことごとく歴任したが、かれは仕事上、情実《じょうじつ》（正しい道理をはずれて、私情でとりはからうこと）を職務に、一切もちこまなかった。涼州の豪族・皇甫《こうほ》氏が汚職したおりは、これを徹底して摘発している。わが子の誘拐事件に際しては、子どもとともに犯人を誅殺するなど、たんなる儒学の徒ではない。激烈な政治を断行した人物であった。

「橋玄とはそういう人だ」

と、曹操はその風姿に惚《ほ》れぬいていた形跡がある。

筆者はのちの、曹操の政治姿勢の目標は、前出の李膺であり、直接のモデルはこの橋玄ではなかったか、と推量しつづけてきた。しかし、どのように考えてみても、不良少年の曹操がまともに出会えるような人物ではなかった。

橋玄は、身分の低い者とも気さくに交際することのできた人物だが、かれらは一生懸命に働いていた。そういう人々を慈しむことはあったが、世の中を斜交《はすかい》に見て生きているような人物を、橋玄は嫌っていた。公私の別にも厳しく、范曄《はんよう》が述べた『後漢書』に拠《よ》れば、子弟はもとより一族からも、自らが働きかけて高官を出すことをしていない。

筆者の周囲には、大企業の役員でありながら、息子の就職に一切、手を貸さなかった人がいる。かれはそれを当然といい、周囲はその人を公私に厳しい立派な人だと称えた。〝俠〟はともかく、人事に手ごころを加えないのは一面、徒党を組まないことを意味する。

橋玄の場合、〝三公〟の「太尉」となってのち、長わずらいを理由に辞職を命じられていた。阻止するだけの、人脈・派閥を持たなかったからかもしれない。難しいところだ。

それでもかれへの評価、賞賛は朝廷に残っていた。太中大夫《たいちゅうたいふ》（「大夫」官位の一《いっ》で、禄は千石《せき》。日本の従四位上《じゅしいのじょう》にあたる）に改めて任じられ、亡くなっている。

橋玄は私産をたくわえることをせず、生涯、清貧な生活を送り、その死後、財産は何一つ残っていなかったという。快男児といってよい。まさに、〝士〟の鑑《かがみ》であった。その名士が、チンピラ無頼の曹操に、

「わたしは天下の名士と呼ばれる人々に、ずいぶんと会った。しかし、君のような者ははは

じめてだ。君はもっと、自分を大切にしなければだめだぞ」

といったという。寵遇《ちょうぐう》(手厚いもてなし)といってよい。あるいは、

「今、天下は混乱に向かっている。傑出した才がなければ救済はできない。人々に平安を与える任務は、君の双肩《そうけん》にかかっている」

そういい、おそらくは肩の一つや二つをポンポンと叩いたかと思われる。また、

「わしは年をとった。将来、妻子をよろしく頼みたいものだ」

と、いったとも(『魏書』)。

曹操の心の何かが、生き方のすべてが、この邂逅で変わった。目標を得た、というべきか。かれは無名の不良である自分を、〝名士〟の中の〝名士〟が認めてくれたことが、とにかくうれしくてしかたがなかったにちがいない。

## ◆人相は科学

蛇足ながら、〝漢〟の帝国の時代——それ以前の戦国時代においても——天文で吉凶を占うことと、人物の顔や体つき、挙動・言動で、その人物の何ごとかを見定めるのは、後世の感覚でいえば、まさしく科学そのものに相当した。空疎《くうそ》(内容がとぼしくて実質がない)であり滑稽なこととはいえず、むしろ価値の分別法として、人々は真剣に拘《こだわ》っている。何処

の州郡県であっても、蒼生《そうせい》（人民）の中に観相の達者な人はいた。

生業《なりわい》とする観相家もあれば、趣味でみてくれる者も。

一方で人々は、独自に観相の術をみがいた。そして、複数の観相家から、

「あなたはすばらしい人相だ」

といわれることは、氏素姓《うじすじょう》のない、富貴とも無縁な、世間の底辺近くをさまよっている
――世間で能なしと蔑まれる人々にとって、何ものにもかえがたい、渡世のたねでもあったといえる。

遊侠の世界には、あふれるような好意でもって、観相は広くいきわたっていたが、事情は〝賢〟の世界でもかわらなかった。対象者が己れの人物評価を求めてくるとき、〝名士〟はその学問的裏付けをとるわけではなく、インスピレーション（直感）にたよって返答することがほとんどであった。

前章でほんの少し登場した孔融は、孔子より二十世の孫。幼少の頃より聡明で世に知られ、十歳のときに河南の尹《いん》をつとめていた前出の李膺を訪ねた。

このとき孔融は、いきなりこの〝名士〟に対して、

「先祖代々の知り合いです」

と挨拶の口火を切った。李膺はやさしく、

「どういうことですか？」

と尋ねる。すると孔融は、

「私の先祖である孔子が、老子に礼について問うて以来の、知り合いではありませぬか」

と応じたという。老子の姓は「李《り》」であり、それにひっかけて、礼教の学である儒教を老子に学んだとへりくだったのだ。李膺は孔融の神童ぶりをほめたというが、これは即答の妙、ユーモアに対する返礼であった。

筆者は観相と〝名士〟の間にも、発展の途中での交《まじわ》りがあった、と考えている。あわせて〝名士〟は、価値基準の中心に儒教を置き、そのうえで人を見る基本＝礼をもって、最大公約数的なもの、類似性といったポイントをはかったのではあるまいか。かれらは一面、観相家と同様に、礼にたいする主観的な判断をもくだしていたはずだ。

換言すれば、〝名士〟の人物評価には客観的な基準はなく、諸事専断していたため、つねに恣意的《しいてき》な分裂性を内包していたということになる。

〝名士〟は〝名士〟同士で、人物の評価をめぐって対立することもしばしばであった。

後漢の末期、すでに名前の出た陳蕃《ちんばん》のもとに、汝南郡出身の〝士〟が、自分たちを鑑定してもらうために、群れるように挨拶に訪れた。

ところが、陳蕃と並び称される郭泰《かくたい》――そのかれと互角とさえいわれた〝名士〟の許劭《きょしょう》は同じ汝南郡の出身でありながら、明らかに陳蕃と対立していた。許劭と曹操の関わりは、このあと見る。

許劭の家は〝二世三公〟（二代にわたって〝三公〟を出した）といわれる名門であった。そのかれからすると、反宦官運動の先頭に立っていた陳蕃は、あやういもの、

「とても名士とは遇せぬ」

との思いが強かったのだろう。こうした感情は相手にも、当然、伝わる。

「許君は長幼《ちょうよう》の序《じょ》を廃するつもりか」

年長者の私を、若輩者の君が無視するのは、けしからんことだ、と怒りを露《あらわ》にしていた。

また、人物評価は郡ごとでの、対峙《たいじ》性も持っている。そこに政治・外交・軍事・文化の対立が持ち込まれるからで、〝士〟が経世済民のために働くことを志すかぎり、その目標にむかって、いかなる手段を取るのか。〝名士〟〝士〟の対立は、あり得てしかるべきものであったともいえる。

かれらは人物評価によって自らの人脈を広げ、情報を収集した。そして後漢末期、帝国という大鍋の底が破裂して、天下の収拾がつかなくなると、烏合《うごう》集散した。〝士〟は独自の自律性を保持していたが、全体を包括するだけの団結力は持っていなかった。結局、地縁・血縁によって恣意《しい》、分散する宿命を背負っていたといってよい。

そのため、群雄が割拠する事態となった時、各地の英雄豪傑のリーダー、補佐役として、地方政権の樹立に関与していくことへとつながった。

未来の曹操は、この〝名士〟〝士〟を統一する方向を示さねばならなかった。それができ

なければ、大陸国家は際限なく分裂分散の道を、着実に歩んだにちがいなかったのだから。

## ◆曹騰の余慶

のちの、曹操自身の言葉を借りれば、孔子が「己れも及ばぬ」と弟子の顔淵《がんえん》（顔回《がんかい》）をほめちぎったような賞賛に、〝名士〟橋玄の言葉はきこえたのだという。誰も認めてくれなかった己れの孤独を、あの〝名士〟が認めてくれた。しかもその人は、

「私が死んだあとで、墓を通りかかった際、もし、君が酒をたむけることを忘れて通りすぎたら、君は三歩も歩かぬうちに腹痛を起こすことになるぞ」

と、ウィット（wit＝機知、頓智）に富んだことをいい、笑ってくれたというのだ。

のち建安七年（二〇二）に、曹操は故郷の沛国《はい》譙《しょう》県（現・安徽省亳州《はくしゅう》市）に駐屯したおり、橋玄の郷里・睢陽《きよう》（現・河南省商丘《しょうきゅう》市睢陽区）にわざわざ使者を派遣して、祭祀《さいし》を営ませたうえで、自ら祭文をつづっている。

「私がお供《そな》えを奉ったのは、腹痛を恐れたからではありませんよ」

曹操は心から、橋玄の墓前に頭をたれた。

それにしても、「之《これ》（天下）を安《やす》んずるは、其《そ》れ君（曹操）に在るか」である。二人の邂逅は、あまりにも出来すぎていた。目的を持たず、ただ手段としてのエネルギーを放埒《ほうらつ》して、

日々を濫費《らんぴ》していただけの曹操は、はじめて己れの進むべき道、無謀なまでに大きな〝天下〟という目標を、ここで与えられた。しかも橋玄は、あろうことか、

「――君にはまだ、名声がない。許子将《きょししょう》を訪ねるとよいだろう」

とまで、親切にアドバイスまでしてくれた。前出の許劭《きょしょう》（字が子将《ししょう》）である。

いつの時代も、無名の人間が有名な人に名を知られ、認められることは感動に値《あたい》した。将来の出世、栄達にも〝人脈〟は大切であるが、より以上に曹操の場合、己れの孤独感が癒《いや》された。かれの悪名は高かったのだから、それを払拭するのは容易なことではなかったろう。が、それにしても、と読者諸氏は疑問をもたれるにちがいない。

なぜ、〝名士〟橋玄は、曹操の面会をすんなり受け入れたのであろうか、と。

当然のことながら、二人の邂逅を演出した人間がいなければ、この出会いはそもそもあり得ない。覚えておいてほしい、と先に読者諸氏へお願いした种暠《ちゅうこう》である。曹操の祖父・曹騰が高く評価し、その支援もあって帝国官僚のトップに立った人物――。

その推挙で世に出たのが、橋玄であった。

今一人、恩人橋玄と同様のことを、曹操に忠告してくれた人がいた。〝名士〟何顒《かぎょう》である。この人物はすでにみた陳蕃《ちんばん》・李膺《りよう》らとも親しく、そのため敵対する宦官の弾圧と追及＝〝第一次党錮《とうこ》の禍《か》〟を逃れて、身を隠したこともあったが、弾圧が終息してのち、朝廷に復帰した。そのあと、曹操を英雄に導くことになる、とっかかりの世紀の悪役・董卓《とうたく》が

相国となったおり、その長官たる相国長史となった人物。

何顒は何顒なりに、懸命に帝国再建をはかろうとするのだが、歴代の「外戚」と比べても、群を抜く独裁者の董卓を制御できず、ついには倒そうとして、逆に殺されてしまう。

そのかれも、曹操の非凡さを見抜いていたと伝えられている（『後漢書』何顒伝）。何顒は、种暠の子・种輯《ちゅうしゅう》とも親しかった。その何顒が曹操に、〝奇〟と評したという。

ちなみに、若き日の曹操の不良仲間で、のちに宿敵となる袁紹も、何顒とは早くに知り合いであった。しかもその関係は、曹操の比ではない。

「奔走の友」

とあるから、〝名士〟何顒にとって袁紹は、同等の交際すべき相手であったことになる。無理もない。出自において曹操は、名門・袁紹とはそもそも、比較の対象にすらならなかったのだから。〝四世三公〟――すなわち、四代にわたって〝三公〟を輩出したとされる、後漢帝国屈指の名門、それが汝南郡の袁氏であった。

## ◆「治世の能臣、乱世の姦雄」

袁家には代々、家学として孟氏易《えき》が伝えられており、この儒教の門人＝門生は天下に満ちていた。また、四代にわたって袁氏に引き立てられ、その恩を受けた官僚＝故吏《こり》も大陸中にあふれていた。かれらはたんなる師と弟子、上司と部下の関係を超えて、一朝ことあるときは、何をおいても袁家へかけつける、主従関係に近い縁《えにし》を、知的に結んでいた。

宦官の曹騰が一代でほどこした陰徳とは、比較になるまい。〝名士〟の本場というべき汝南にあっても、袁家は別格の存在であった。その御曹司の袁紹が、曹操とつるんで不良をしていたというのもおもしろい。それでいて袁紹は何顒と同格の〝名士〟でもあったというのだ。この落差には数年のタイム・ラグ（時間的なずれ）があるのかもしれない。『三国志』武帝紀注に引用された皇甫謐《こうほひつ》の『逸士伝』には、次のような話が載っている。

袁紹と弟の袁術《えんじゅつ》――この二人の母が亡くなり、汝南郡で帰葬したことがあった。仲間――多分に弟分――の曹操も参列したが、この際の会葬者は三万人に及んだという。

このおり曹操は、王儁《おうしゅん》という人物に、こっそり語りかける。

「いままさに、天下は乱れようとしている。乱の魁《さきがけ》となるのは袁紹と袁術の兄弟だ。天下を救い、世の人々の生命《いのち》をまっとうするように望むなら、この二人を始末しなければなるまい。乱は今にも起きるぞ」

物騒な話である。王儁はやんわりという。

「卿《きみ》のいうとおりであれば、あの二人を殺して天下を救う者は、卿をおいていまいな」

二人は向きあって笑ったという。

王儁も汝南郡の〝名士〟であり、曹操を治世の才能がある、と評した人物であった。

これは〝名士〟と交際をするようになった頃の逸話といえようか。また、清流の代表、先にみた「登龍門」の李膺の子・李瓚《りさん》も、不良の徒である曹操に注目していて、わが子に世が乱れたら、曹操に従うようにと遺言したという。

くり返すようだが、筆者はこのあり得ない厚遇、人脈の広がりは、ことごとく曹騰のしつらえたものであった、と考えてきた。袁家ほどではないが、曹騰の蒔《ま》いた人知れぬ善行——人物を世に出す手伝い——は、間違いなくその孫に幸いした。情《なさけ》は人のためならず、である。人は人を呼ぶ。名声はつらなり、曹操は更生していく。

橋玄が訪ねよといった許劭《きょしょう》は、あるいは曹騰人脈の、外の人であったかもしれない。しかし、出会いは連鎖した。

人物鑑定の目利きとして、世に知られていた許劭は、従兄の許靖《きょせい》とともに、毎月一日に郷里の人々の品定め＝「月旦評《げったんひょう》」をしていたが、そこへずうずうしくも押しかけた曹操に、無理やり人物批評を迫られる。いくら〝名士〟橋玄の紹介とはいえ、なんだこいつは、と許劭は内心、カチンときたのだろう。ここで、歴史に残る名セリフをはいた。

「子《きみ》は治世にあっては能臣（能力のある臣）、乱世にあっては姦雄《かんゆう》（悪知恵にたけた英雄）ならん」

これを聞いた曹操の、反応が興味深い。かれは哄笑《こうしょう》（大声でどっと笑う）したという。以上は『三国志』の注・東晋の孫盛の『異同雑語』である。

同じ挿話が南朝・宋の范曄の『後漢書』になると、無名の曹操がめずらしく、下手《したで》に出ながら許劭に、自分の品評を求めたが、先方はその人となりを軽蔑していたのか、答えようとはしなかった。すると曹操は許劭を脅しつけ、答えろ、と強要する。

「君は清平《せいへい》（静かにおさまる）の姦賊《かんぞく》（悪者）、乱世の英雄だ」

と、許劭はしぶしぶ答えたという。それでも曹操は大喜びして、立ち去った。

もっとも、同じ場面を伝えた劉義慶《りゅうぎけい》の『世説新語』識鑒《しきかん》篇では、

「君は乱世の英雄、治世の姦賊」

こういったのは、許劭ではなく橋玄であったことになっている。

三つのニュアンスのちがいは、漢文の専門家にまかせて、筆者がここで重く受け止めるのは、いずれの発言にしても許劭は、むりやり強要されて、いやいや答えている点である。とげがあったにちがいない。それを承知で曹操は、己れの評を納得したのである。

かれの〝傲慢さ〟の心底が、実によく出ているエピソードではあるまいか。

加えて筆者は、治世（清平）における曹操の三つの評のうち、最初の許劭の「能臣」を最も薦《お》す。曹操はまだ、後漢帝国の実体を何一つ知らない。外側から「外戚」と宦官の争うさまを伝聞しているのと、それに巻き込まれて実体験するのとでは、おのずと理解に差があった。

## ◆後漢衰退の原因を知っていた曹操

霊帝の熹平《きへい》三年（一七四）、二十歳の曹操は自分の父と同じ境遇の、宦官の養子・王吉《おうきつ》の推薦によって「孝廉《こうれん》」に挙げられ、ついに朝廷に出仕した。

「孝廉」は郷挙里選の〝常挙〟＝一年に一度の、定期採用で選ばれたようだ（臨時もあったそうだが）。この曹操の登用出仕は、年齢的に早い部類に入っていた。

かれ自身の証言によれば、同期に五十歳の者もいた、とある。おそらく、若くして採用されるということは、その分、官僚として出世コースに乗ったのであろう。

なにしろ、〝名士〟橋玄、何顒、李膺の子・李瓚、許劭という、そうそうたる人々に認められた曹操である。役職も、それにふさわしいものであった。

「洛陽北部尉」（首都洛陽の北部警察署長）

県令の下にあって、洛陽の治安をあずかる「尉」——行政を担当するのが「丞《じょう》」であり、治安を受けもつのが「尉」であった。曹操は赴任するやさっそく、洛陽北部の四つの門の修理を命じると、五色の棒を門の左右に十数本ずつ吊りさげ、並べた。つまり、

「禁を犯す者は、この棒で叩き殺す」

と宣言したわけだ。

〝漢〟の帝国では、夜、みだりに歩きまわったりしている人物を、見とがめた役人が棒切れでなぐり殺してもかまわない、というのが一般の認識であった。

ところが後漢帝国の途中から、そうした処し方は野蛮だ、との批判が生まれ、帝国自体が温厚な（おだやかで、情け深い）処置をとる方向へ舵を切ってしまった。〝寛治〟である。

後漢帝国の章帝《しょうてい》（在位七五～八八年）の頃から、『尚書《しょうしょ》』（儒教の主要な五経典「五経」の一《いつ》・『書《しょ》経《きょう》』の別名）堯典《ぎょうてん》の「五教在寛」（五教、寛に在り）を典拠とする〝寛治〟が、広く大陸でおこなわれるようになった。

武力で地方の豪族をしめあげるのではなく、儒教の徳目である「仁」「孝」「清」「廉」といった名目を前面に押し出して、民を救うのは立派な豪族の役割である、とやんわり「仁」にもとづいた税の負担を求め、一方でその豪族の子弟を郷挙里選した。民をいたわる行為は、〝士〟の布教もあって、やがて体罰そのものを否定する方向にむかってしまう。

前漢の文帝（在位紀元前一八〇～同一五七年）が廃止するまで、帝国の刑罰は尋常なものではなかった。死刑に次ぐものとして、「宮《きゅう》」（生殖機能を去る刑）が存在した。宦官はそのなかから奴隷として使役されていたのだが、以後はこの刑がなくなったために、曹騰のように志願して宦官となる者を求めるようになる。

「宮」以外にも、「刖《あしきり》」「劓《はなきり》」などが一般に施行されていた。孫子の一人、孫臏も「刖」の刑に処された一人であった。これらは目にみえて残酷さの伝わるものであったが、前漢は途中でこれらを廃止して、〝寛刑〟をほどこすようになる。

さらには、儒教の重石《おもし》がより大きく重くなった後漢では、章帝が「杖《じょう》」（棒でなぐる）、「笞《ち》」（鞭打ち）といった刑罰もとりやめて、死刑の下はなんと、「髡鉗《こんけん》」（頭髪を剃って、鉄の首枷《くびかせ》をはめる刑）となってしまった。それ以前に比べれば、刑罰の真中部分がスッポリ、なくなってしまったことになる。

なるほど、〝寛刑〟は儒教の教えにそっていたかもしれない。しかし別な方向から、刑罰をなめてかかる大衆、庶民というものをも生み出した。

『春秋左氏伝《しゅんじゅうさしでん》』（『左伝《さでん》』）にある孔子の言葉、

「政《まつりごと》寛《かん》なれば則《すなわ》ち民慢《たみあなど》る」（昭公二十年）

つまり、政治が寛であればあるほど、民は慢《あな》どる。慢どれば、これを糾すのに猛を用いる。猛であれば、民は残《そこな》われる（しいたげられる）。残われれば、これに施すのに寛を用いる。寛により猛を済《すく》い、猛により寛を済えば、政治はこれによって調和す――弛緩と緊張のバランスがとれていればよかったが、後漢帝国は曹操が登場した時代、すでに世の中はゆるみきっていた。

「驕《おご》りて亡びざる者は、未《いま》だ之《こ》れあらざるなり」（定公十三年）

ともいう。

これも『春秋左氏伝』だが、庶民が驕《おご》りたかぶった時、さて、国家はそれでもなり立つものなのであろうか。企業も家庭も、道理は同じではあるまいか。

さらには、法を無視する特権階級は、いつの時代にも現われた。一方で、賄賂《わいろ》が横行している。権力者は法律を犯しても摘発を受けることがなく、庶民は道義を守って生活していても、いつ、非道に陥れられるかしれなかった。

単なる不良の立場から、この理不尽さ、いいかげんさを、嫌というほどみせつけられてきた曹操は、任官当初から、事あれかしと事件がおこるのを、心待ちにしていたように思われる。箍《たが》の緩みを、自分が一気にしめあげるために——。

## ◆孫子兵法の神髄

数ヵ月後、霊帝お気に入りの宦官・蹇碩《けんせき》の叔父が、その特権にものをいわせて、夜間外出禁止令に違反した。曹操にすれば、待ってましたの場面、しかも勿怪《もっけ》の幸いともいうべき大物であった。ただちにその場で、この叔父を打ち殺した。

残酷なことをする、と後世の感覚では背筋に悪寒《おかん》の走る読者がいるかもしれないが、時代は二十一世紀の今日から遠く、春秋戦国時代（紀元前七七〇〜同二二一）の方に近い、世紀の出来事であった。

曹操に喝采《かっさい》をおくる人々のほうが、明らかに多数派であった。

「例外はみとめない」

という姿勢を、曹操はこの一挙で洛陽中にしらしめたことになる。その厳しさにおそれおののいた人々は、以後、些細な法令違反もしなくなったという。

曹操にいわせれば、座右の『孫子』の実践にすぎなかったのかもしれない。

呉王・闔閭《こうりょ》を補佐して、名将・伍子胥《ごししょ》とともに活躍した孫子＝孫武は、『史記』によるかぎり、すでに当時、有数の兵家として実績を持ち、闔閭の前に姿を現わしたところから語られていた。

闔閭はかねてから孫武の十三篇を読んでおり、実地に用兵を試みるところを見たい、と孫武に所望する。そこで孫武は、後宮の美女百八十人を二隊に分け、各々の隊長を闔閭の寵姫二人に任命し、一同に武器を持たせたうえで訓練の基礎を説明した。

「おまえたちは自分の胸、左右の手、背を知っているであろう。私がこれから前といえば、それぞれの胸を見よ。左といえば左手を、右といったら右手を、そして、うしろといえば背のほうを見よ。よいか」

さらに孫武は、軍には軍律というものがあり、命令に反した者は、軍律に照らして処罰されると語り、斧鉞《ふえつ》で首を落とす、と告げた。

だが、後宮の女たちにすれば、皆が遊びのつもりで浮かれており、孫武が軍令を読み上げ、説明をし、合図の太鼓を打ち鳴らそうとも、指示されたとおりには動かない。笑い声

すら聞こえる。すると孫武は、

「取り決めが明確でなく、命令が徹底しないのは、将である私の責任である」

そういって一度、女たちに謝罪し、改めて軍令を繰り返した。だが、やはり女たちは動かなかった。このときである。

「取り決めが明確でなく、命令が徹底しなかったのは、将である私の責任である。しかし、いまやそれは明確にされた。それでいてなお、決まりが守られないのは、直接、指揮をとる隊長の責任である。よって、ふたりの隊長を斬る」

このさまを物見台上で見ていた闔閭は、仰天した。慌てて孫武の許《もと》に伝令を遣わし、

「将軍の用兵ぶりはよくわかった。そのふたりの女がいなくては、わしが困るのだ。願わくば、斬るのを許してもらいたい」

と泣きついた。ところが孫武は、毅然としていい放つ。

「私はすでに君命を受けており、将の大権を与えられております。将は軍中にあるかぎり、君命といえども、従いかねることがあります」

あっさりと拒絶して、容赦なく二姫の首を刎ねさせた。そして次位の寵姫ふたりを改めて隊長に任じ、訓練を続行した。するとどうであろう、女たちは粛然となった。もはや、ふざける者などはいない。彼女らは必死に行動し、一糸乱れぬ見事な演習となった。

孫武は伝令を闔閭の許に遣わすと、

「はや兵の訓練はできました。いまや女兵たちは、王の命令とあれば火水のなかでも、ためらうことなく突きすすむでありましょう。願わくば、近くでご覧ください」

と口上をいわせた。闔閭はふたりの寵姫を失い、それどころではなかった。

「もはや、十分である。ご苦労であった」

闔閭の言葉を聞いた孫武は、なおもいう。

「王は兵法の議論はお好きだが、実地はたしなまれぬようですな」

皮肉もいいところである。孫武はことほど左様に、指揮権については明確化していた。やはり曹操は、孫武と同じ兵家の人といえるように思われる。

## ◆位打《くらい う》ちにかけられた曹操

帝の寵臣や権勢を誇る宦官たちは、当然のごとく曹操を憎んだが、失脚させるには背後を考えると、けっこう手ごわい。曹操が一人なら、問題はない。瑣末《さまつ》な事件をデッチあげ、さっさと罠にかけて、無実の罪を着せて「尉」のポストからひきずりおろせばすむことであった。

しかし、この男は曹騰―曹嵩とつづく、曹家の御曹司でもあった。

さしもの宦官たちも遣《や》り難《にく》い。こういう毛色のかわった人間が、唐突に現われたとき、どうするか。これは日中の歴史に関係なく、貴人と称する外貌おだやかな、気配すら立てないような人々は、かならずといっていいほど、位打《くらい》ちをもちいた。

つまり、栄転という形で位をあげ、その現場から追い出したのである。

曹操は頓丘《とんきゅう》（現・河南省濮陽《ぼくよう》市清豊《せいほう》県南西）の県令に昇進した。熹平六年（一七七）、二十三歳のときであったが、春秋戦国時代なら、立派に一国一城の主である。

後年＝建安十九年（二一四）、孫権を討つべく出陣するに際して、曹操は留守を委《ゆだ》ねた息子の曹植《そうしょく》に、励むように、と言葉をそえたが、このとき曹植は二十三歳だった。

「私の二十三のときを、今、思い出しても悔やむところはない」

と曹操はわが子に胸をはったが、さて、本当のところはどうであったろうか。

都からはなされた曹操は、思いもよらないところで、足もとをすくわれる。

光和元年（一七八）、すでに霊帝の寵愛を失っていた皇后宋氏が、宦官たちの讒言《ざんげん》を受けて、その身分を廃される事件が朝廷の奥深いところでおきた。彼女は獄中に下され、憂悶のうちにこの世を去るのだが、連座制をとるのが当時の刑法であった。

曹操の従妹《いとこ》の夫が、たまたま、濦彊侯《いんきょうこう》の宋奇《そうき》であり、宋一族であったがゆえに失脚した。この連座に曹操もまきこまれ、職を辞することとなる。運命はわからないものだ。

ところで曹操は、この頃、人物鑑定を懸命に修得していたかと思われる。〝名士〟に仲間入りするためには、人を見る目を養わなければならない。

一種の人間鑑別法だが、この人間の本性、心を見定めることほど、やっかいなものはなかった。日本の江戸時代、石田梅岩《いしだばいがん》の開いた石門心学《せきもんしんがく》では、「心」はコロコロ変るから、ココロなのだ、と教えていた。人を見る目を養うには、聖賢の足跡を学ばなければならない。安岡正篤流にいえば、「人間学」となる。歴史を人物に重点を置き、その生涯、言行録を学び、研究することは、おそらく何ものにも替えがたい、処世の叡智といえるだろう。

一歴史学徒の筆者がいうのもおかしいが、これほど面白くて奥の深いものはない。

無論、曹操の周囲も、当然の如く巻きかえしに出たであろう。支援してくれる〝名士〟も増えている。光和三年に朝廷では、さきほどの『春秋左氏伝』も含め、幾つかの〝古学〟に精通しているものを、「議郎」にあげるということが決まった。

この職は〝古学〟に明るい見識者を集めて、政治上の助言を皇帝に奉るものであったが、曹操が〝古学〟に詳しかったかどうかは別として、朝廷に返り咲いたかれは、以前にもまして自らの思いの丈を、助言の形で主張しようとする。

すでにみた大将軍・竇武《とうぶ》と太傅《たいふ》の陳蕃が、宦官に殺された事件をあえて蒸し返してとりあげ、上奏文を天子に奉った。

「正直な人々が罠にはめられて殺され、邪悪な人間が朝廷に満ちています」

これでは善良な〝士〟が、朝廷での活躍の場を閉されてしまう。

曹操の上奏文は、霊帝の採用とはならなかった。宦官への、皇帝の遠慮からであった。

後漢帝国はその組織疲労を自粛自戒することができない、末期症状を呈していた。

## ◆第四勢力の存在

今一つ——州や県のトップ官僚が、平然と不正をはたらいている現状、帝国を誹謗《ひぼう》中傷する者がいること、これらを天子が憂い、〝三公〟の政庁＝〝三府〟に対して、不正を洗い出して質すように、との詔勅を下したが、いっこうに摘発・罷免がおこなわれなかった。すでにみた如く、地方の長官には、宦官の息のかかった者が大多数を占めていたからだ。

「なぜであろうか」

と曹操に問うた、霊帝はトップ失格であったろう。

が、曹操の気一本も唸《うな》るに値する。堂々と、正論をはいた。

「〝三公〟の摘発が、貴族の意向に逆らわないことを旨としているからです」

と。この場合、貴族は宦官を指した。

天子は〝三府〟を叱責したが、事態はかえって悪い方向へ。宦官派の横暴に抵抗してきた、地方辺地の清廉な役人の名前ばかりが、摘発・罷免のリストにあげられる始末。

「このような、不正な摘発はおかしい」

曹操は、高潔の〝士〟でときの「司徒」（〝三公〟の最高位で、天子の補佐役）をつとめる陳耽《ちんたん》と連名で、意見書を奉った。これは珍しく霊帝の聞くところとなり、摘発で名前のあがった人々は逆に、曹操と同じ「議郎」に取り立てることになったという。

非力な天子にすれば、それでも宦官と官僚のバランスを取ろうとしていたのかもしれないが、〝公〟の正義は徹底されず、陳耽はついには、宦官の親玉「十常侍」によって獄中で謀殺される運命をたどる。

もし、このまま後漢帝国がつづけば、曹操は能臣として、〝清流〟に属する官僚として、それなりに出世したかもしれないが、末路は陳耽と同様となり、それこそ『後漢書』のなかで、列伝の一つにも立てられて世を終えていたにちがいない。

ついでながら、これまで「外戚」と宦官、さらには〝清流〟＝名士につらなる士大夫の、三つの朝廷勢力をみてきたが、曹操の言動をみていると、見方によればかれには、もう一つ別の〝第四の勢力〟が味方していた、といえなくもなかった。

すなわち宦官の系譜につらなりながら、宦官がもらった養子の系譜――かれらは曹操がそうであったように、自らを〝士〟と考え、〝清流〟に近づく努力をしていた。厳密にみれば〝第三勢力〟に入れてもらえないのだが、本人自身は宦官ではなかった。交流もあったし、事実上、両者の区別はつきにくかった。〝賢〟も〝士〟もいたのである。

すでにみた李膺以下二百余人の官僚が逮捕された「第一次党錮《とうこ》の禍《か》」は、正確にみると半年ほどして終身禁錮＝生涯、任官する権利を剥奪する、という形はとったものの、その身は釈放され、李膺がそうであったように、朝廷への返り咲きも可能であった。なにより、流血の惨事は起きていない。そのためであろう、世上ではむしろ、逮捕されることを名誉とすら受け取っていた形跡があった。

なぜ、弾圧・処刑が徹底されなかったか。できなかったのである。宦官が一枚岩ではなかったことが一番の原因と、筆者は考えている。宦官のみならず、その養子の中にも、宦官の横車をにがにがしく思う人はいた。それが〝第四の勢力〟として、ブレーキの役目をはたし、宦官圧勝の治世下、〝士〟を守る側に回ったことは間違いない。

逆に、宦官は切羽詰った状況に追い込まれた。そうなると、窮鼠《きゅうそ》猫を嚙《か》むのたとえ、

「清流派の人士が私党を結び、朝廷を誹謗《ひぼう》して、世人を惑《まど》わせております る」

と天子に訴え、清流派官僚の免官を強行し、「党錮」は第二次を迎えた。

今度は清流派の根絶を狙ったため、著名な官僚や学者が百余名も殺害され、数百名が永《なが》の追放となり、その迫害は一族にまで波及した。李膺は逮捕され、陳蕃も罷免される。

ちなみに、曹操が主張した陳蕃らの名誉回復がなされたのは、皮肉にも董卓が朝廷を牛耳ることになる中平六年（一八九）になってからのことであった。

さしもの曹操も、ぷっつり献策することをやめ、沈黙する。

かれの意図はわからない。だが、英雄はつねに風雲を呼ぶ。

内憂外患とは、それにしてもよくいったものだ。朝廷内部の混乱と腐敗は、帝国の自壊

作用を引き起こすとともに、農民暴動や一揆を全土的に多発化させ、世の乱れはこのようなとき、決って新興宗教を生み出した。

〝三国志〟の世界は、光和《こうわ》七年（一八四）の黄巾の乱――帝国からいえば、黄巾賊の決起――により幕を開《あ》けるのだが、この「妖賊《ようぞく》」「盗賊」の軍が登場する以前に、新興教団「太《たい》平道《へいどう》」が興《おこ》っていた。

## ◆黄巾の乱、起こる

〝大賢良師〟と称する鉅鹿《きょろく》（現・河北省南部）出身の張角《ちょうかく》が、病人の治療にあたったのが、そもそもの原点であった。

符水《ふすい》（まじないをかけた聖水）で人々の病いを治し、その霊験《れいげん》あらたかな思いが信仰となり、布教へとつながった。その教線はまたたくまに、数十万に及んだ。

ついでながら、この「太平道」にも、その〝前〟があった。すでに蜀《しょく》において興っていた新興宗教「五斗米道《ごとべいどう》」である。どうやら「太平道」は、「五斗米道」を真似てより工夫したものではなかったか、と筆者は疑ってきた。

「五斗米道」は順帝のころ、張道陵《ちょうどうりょう》という人物が興した宗教で、自身を〝天師〟と称し、入信者には五斗（一〇リットル弱）の米をおさめることを義務づけ、信徒は罪を懺悔《ざんげ》することで病から救われ、救われない者は信心が足りないからだ、と説かれた。

末端の組織は「治《ち》」と呼ばれ、拡大・伸張し、張道陵の孫・張魯《ちょうろ》の年代には漢中《かんちゅう》（現・陝《せん》西《せい》省漢中市）を占拠し、一大宗教王国を築くまでとなった。

「太平道」も、システムは「五斗米道」とかわらない。信徒を「方《ほう》」という集団に分け、各地に置いている。法線を拡張して十年目には、後漢全十三州のうち八州（青《せい》州・徐《じょ》州・幽《ゆう》州・冀《き》州・荊《けい》州・揚《よう》州・兗《えん》州・豫《よ》州）に猛威をふるった。「方」の数、実に三十六。

各々に「渠帥《きょすい》」と称する頭目を置いた。かれらは自らを〝賢〟だと認識していたようだ。

「太平道」の頭目たちは、乱れた後漢帝国を虎狼《ころう》の類《たぐい》とみなし、その害を取り除いて、世に経世済民を実現すべく、天下の蒼生を救済することを、心の底から念じていたという。

◆張角肖像画『絵本通俗三国志』より

組織の大きい「方」は万余の人を数え、小さな「方」でも六、七千人をもって構成された。張角は「方」になだれこんでくる流民たちを救済するためにも、己《おの》が「太平道」の王国を築くしかない、と決意し、ついには後漢帝国への宣戦布告を企てるにいたった。

暴戻《ぼうれい》（乱暴で道理にはずれた）なる〝漢〟の帝国を討つ、というのだ。この集団は、仲間の目印に、黄色の布で頭を包んだので、のちには〝黄巾〟と呼ばれるようになった。

――多くの〝三国志もの〟は、この巾《きん》を軽視しているが、ことは重大であった。「巾」にはおおう、頭巾《ずきん》の意味があり、「巾帽《きんぼう》」、「巾幘《きんさく》」、「冠帽《かんぼう》」とも称した。つまり、冠《かんむり》である。冠は誰がかぶるのか、〝士〟であった。

孔子を教祖とする儒家が、古《いにしえ》を尚《とうと》ぶことはすでにふれてきた。原始的な親子の情愛がそもそも儒教の根本であり、古の葬儀における礼がそもそもの原点であった、と筆者は認識してきた。それが少しずつ形づくられ、孔子の賛美する周の礼制となった。

春秋戦国時代（紀元前七七〇～同二二一）、〝諸子百家〟の中から一頭抜きん出た儒家は、その後、大秦帝国の始皇帝の法家に大弾圧され、一時は消えてゆくかとも思われたが、人間の本性に根付いた強みで、庶民の中にまぎれ、地方に根をはり、多分に礼の教団として再生拡大していった。その発展の途次をごく単純にいえば、〝漢〟の帝国における貴人、士大夫たちの礼儀作法を担当することによって、世過ぎとしてきた、といえなくもない。

礼儀・挨拶は、対人関係の基本である。エチケット（etiquette）はチケット（切符・入場券）からきたもの。つまり、人間社会においてエチケットのないものは、そこに入ることはできない。人間としては扱わない、との意となった。それに身分の階層が加えられてゆく。

帝都の宮殿を荘厳《そうごん》にみせる権威を創出するために、被官百姓《ひかんびゃくしょう》に礼の精神と作法を教え、強要し、その細々《こまごま》とした約束事で人々の心身を縛りあげ、一面では感動させて、帝国が尊貴なものである、という巨大な〝虚〟を堂々と〝実〟らしくみせる演出を担当した。

その装置の一つが、儒家のシンボルたる冠であった。これがいつしか、士のかぶるものとなる。〝士〟は本来、素姓《すじょう》に根ざした存在であった。ところが旺盛な自作農社会が進展し、門閥貴族の力はその分、弱くなり、自作農とその階層出身の人々が、自らも〝士〟だといい出した。氏素姓はさほど問われなくなり、かといって消滅する方向へはむかわず、誰でもが心掛け次第で、極端にいえば、

「それがしは士である」

と口に出せば、万民が〝士〟となり得る世の中となった。

## ◆事前に漏れていた決起

制度上、〝漢〟の帝国では官僚・官吏が〝士〟として冠をかぶった。

しかし、〝士〟は朝廷の外にもいる。在野の〝士〟、庶民の中の〝士〟たちは、冠をかぶらなかった。代りにかれらは労働者よろしく、頭に巾《きん》という布ぎれをつけた。

この巾に関して、〝名士〟郭泰《かくたい》におもしろい挿話が残されている。

あるとき、にわか雨にいきあわせたかれは、かぶっていた頭巾の一角が雨のために、ひしゃげてしまった。それをみた〝士〟たちは、わざわざ巾の角を折ってかぶり、これを「林《りん》

宗巾《そうきん》」と称した。大流行になったようだ。「林宗」は、郭泰の字《あざな》である。

ことほどさように、巾は意味のあるものであった。黄巾もしかり、である。

やがて、この黄巾の乱を討伐することで世に出た曹操《そうそう》は、その勢力圏を奪取し、魏の礎を築く。加えて、「太平道」の源流ともいうべき「五斗米道」の宗教王国を、その最盛期、建安二十年（二一五）に攻めて降参させたのも曹操であった。

歴史は連鎖し、どこまでも興味が尽きない。

さて、黄巾の勢力が拡大し、帝国打倒を考えはじめたこの時点で、朝廷に生き残っていた〝清流〟に属する、郎中《ろうちゅう》（宮門を管理する役職「郎」のうち、四番目の地位）の張鈞《ちょうきん》は、死を賭して天子に上書している。

「竊《ひそ》かに惟《おも》うに、張角《ちょうかく》（黄巾の首領）の能《よ》く兵を興《おこ》し乱を作《な》す所以《ゆえん》、万民の楽しみて之《これ》に附《つ》く所以の者は、其の源は皆《み》な十常侍《じゅうじょうじ》の多く父兄、子弟、婚親、賓客《ひんきゃく》を放ちて州郡を典拠し、財利を辜権《こかく》（略奪）し、百姓を侵掠《しんりゃく》し、百姓の冤《えん》は告訴する所無く、故に不軌《ふき》を謀議し、聚《あつ》まりて盗賊と為《な》るに由《よ》る」

黄巾の叛乱は、宦官の主流派である張譲《ちょうじょう》や趙忠《ちょうちゅう》、夏惲《かうん》ら「十常侍」と呼ばれる連中の、諸国に蒔《ま》いた災いのタネがそもそもの原因だ、と張鈞は断じたわけだ。

皇帝の側近である常侍は、もっぱら宦官のポストとなって久しかったが、このころ常侍は、すでにみたごとく、〝九卿《けい》〟に準ずる待遇を得ており、政務をみない霊帝を擁し、操っているだけにその分、〝三公〟（司徒《しと》・司空《しくう》・太尉《たいい》）〝九卿〟（太常《たいじょう》・光禄勲《こうろくくん》・衛尉《えいい》・宗正《そうせい》・太僕《たいぼく》・廷《てい》尉《い》・大鴻臚《だいこうろ》・大司農《だいしのう》・少府《しょうふ》）の高官にも増して、大きな発言力を持っていた。

「宜《よろ》しく十常侍を斬り、頭《こうべ》を南郊に県《か》け、以《もっ》て百姓に謝すべし」

張鈞の思い切った上書は、「十常侍」のいいなりとなっていた霊帝の容《い》れるところとはならず、逆に誣告《ぶこく》の罪を問われた張鈞は獄中で没する。

これでは曹操も、サジを投げるはずだ。

「光和七年（一八四）三月甲子《こうし》（十七日）、魏郡鄴《ぎょう》県（現・河北省邯鄲《かんたん》市臨漳《りんしょう》県）において挙兵する」

張角ら黄巾はついに、帝国に対して具体的な武力決起の日を明らかにした。

なぜ、この日なのか。暦学＝十干十二支《じっかんじゅうにし》の組み合わせで、最初に来る「甲子」は、すべてが革《あらた》まる年とされていた。

「蒼天《そうてん》、已《すで》に死す。黄天《こうてん》、当《まさ》に立つべし。歳《とし》は甲子に在り。天下、大吉なり」

スローガンをかかげ、信者に呪文のごとくこの文言を唱えさせた。

「蒼天」とは昊天上帝《こうてんじょうてい》――すなわち儒教の天であり、儒教国家である帝国そのものを指した。それが、すでに死んでいる、というのだ。そして、それに太平道の天である、中黄太《ちゅうこうたい》乙《いつ》がとってかわるのだ、との宣言となった。

後漢帝国のシンボルカラーは本来、「赤」であったが、儒教と一体との考えから「蒼」を打倒しようとしたのであろう。一方で自分たちは、〝士〟ではあるが、儒家ではない、と黄巾はいうのだ。もし、かれらの予定通りに決起していたならば、あるいは歴史は流れを変えたかもしれない。

ところが、裏切り者が出た。張角の弟子の唐周《とうしゅう》が、いくら世のため人のためとはいえ、巨大な後漢帝国とまともにたたかって、宗教団体が勝てるはずがない、無謀すぎる、と怖《おじ》気《け》づいた。クーデターは機密が守られるかどうか、で成敗は決する。

## ◆帝国の反応

計画が事前に漏れたため、首都洛陽に潜伏していた幹部の馬元義《ばげんぎ》がつかまり、車裂きの刑に処せられた。かかわったとされる、千人余の信徒も誅殺されている。

〝寛政〟をモットーとした朝廷にしては、このおりにかぎって、きわめて果敢で思いっ切りがよかった。それほどこの企てに驚嘆した、ということの証であろう。

決起が事前にもれたことを知った張角は、しかたなし、と予定を早めて各地の「方」に蜂起をうながし、自らは二月、冀州魏郡鄴県に挙兵した。

朝廷は三月、張角率いる黄巾軍の主力が河北《かほく》にあることから、河南尹《いん》（首都圏防衛軍の長官）・何進《かしん》を軍将のトップ「大将軍」にすえ、洛陽の守りを固める一方で、中郎将（将軍につぐ武官）の一人・北中郎将の盧植《ろしょく》に北軍五校の兵を率いて、冀州の黄巾討伐にむかわせた。

ここでいう北軍五校とは、北軍の五校尉——長水《ちょうすい》（もと異民族の長水胡《ちょうすいこ》から集めた騎兵）・歩兵・射声《せきせい》（暗所で音声を聞くだけで射抜くことができたという射手の集団）・屯騎《とんき》（首都駐屯の騎兵隊）・越騎《えっき》（後漢では宮中に宿直《とのい》する宿衛兵）の校尉（中郎将より下位の武官）が統率する軍のことを指した。

同様に、河南東部＝豫《よ》州の潁川《えいせん》と汝南の両郡に蜂起した黄巾については、左《さ》中郎将の皇《こう》甫嵩《ほすう》、右《ゆう》中郎将の朱儁《しゅしゅん》が派遣されている。将軍は二人とも「孝廉」に推され、その後に累進した〝士〟の実力派＝文武にすぐれた智将であった。

ついでながら、「中郎将」は光祿勲《こうろくくん》（禄高中二千石《せき》の大臣）に属す外征の方面軍司令官の意。近代戦でいえば、旅団長相当と考えればよい。

後漢帝国は、二千石をもって、大官・高官と称したが、この二千石には三つのランクが用意されていた。右の光祿勲の「中二千石」は、実質二千石のこと。〝三公〟を別にして〝九卿《けい》〟、執金吾《しっきんご》（中尉から改称、北軍を指揮し首都の警備・巡察をつかさどった）、司隷校尉《しれいこうい》（中央官僚の監察をつかさどった）などの、国政を司る高官がこれに該当した。別に、

「比二千石の大官なり」

などと記録にある「比」とは、準ずるの意。中郎将や都尉《とい》（地方軍司令）がこれに相当した。こちらは毎月百斛《こく》（石《せき》）の支給であるから、実質年俸は千二百石であった。

この中と比のついていない真中＝二千石が、郡の太守や州の刺史《しし》など、地方行政のトップが禄高とする二千石――ただし、かれらの実質年俸は千四百四十石となった。

ここで帝国の支配機構も、少し整理しておく。後漢は十三州から成っていた、とすでに述べた。一つの州には、幾つかの「郡」と「国」があった。

たとえば、幽《ゆう》州（現・北京を中心とする周辺一帯）には計十一の「郡」と「国」があり、このうち「郡」は政府直轄領を指し、皇族が王に立てられた領地を「国」と称した。いうまでもなく、皇族が逐一、領地の経営にあたることはない。「国」には〝相《しょう》〟と呼ばれる宰相がいて、事実上の行政責任者となっていた。

騎都尉として、黄巾の乱に軍功のあった曹操は、その後、功績により済南《さいなん》（現・山東省済南市の東）の〝相〟を拝命している。地方としては格の高い「国」であり、その〝相〟は一国の宰相としての権限をもっていた（詳しくは後述）。

なお、「郡」では〝相〟と同様の役目を果たす者を太守といい、「国」の〝相〟と「郡」の太守は同格の地位＝二千石の禄高（実質千四百四十石）が与えられていた。

――ここから、複雑になった。

「郡」の下には「県」があった。日本とは逆である。「県」と同等の単位に、功臣が封ぜられた「侯国《こうこく》」も別にあり、「邑《ゆう》」（内親王領）、「道《どう》」（蛮夷《ばんい》の地＝少数民族領）も各々に存在した。

一万戸以上の「県」の長官を県令と呼び、それ以下の「県」の長官の場合は、県長と称されて、両者は厳しく区別された。県令は千石、県長は四百石から三百石の範疇《はんちゅう》で年俸が支給された。

これらの約束事については、これまでも引いた『後漢書《ごかんじょ》』の「百官志」に詳しい。

また、「県」の長官の下に「丞《じょう》」と称する文官と、「尉《い》」と呼ばれる武官がいたことは、すでにみた。曹操の洛陽北部尉も、その一つであった。俸禄はともに、四百石から二百石の幅があったようだ。

## ◆黄巾の乱がもたらしたもの

全国の州では、司隷校尉に相当するものとして、刺史（のちの牧《ぼく》）が置かれていた。刺史は本来、地方行政の組織の枠に組み入れられた存在ではなかった。役職も目付《めつけ》のようなもので、州や郡、県の役人が政務を真面目に司っているか否かを監督し、その成績を考察して、中央へ報告する役割を担っていた。

かれらは郡の太守とは違って直接、統治する土地ももたず、したがって位階を表す石高も二千石とはいっても、その意味合いは名誉職に近かったといっていい。

ところが後漢も末期に近づくにつれ、もともと太守の指揮下で「都尉」が率いていた軍事を、刺史が総括・担当するようになった。内憂外患で混乱する郡の行政府では、軍事面にまで手がまわらなくなったのであろう。そのため、郡における刺史の権限は、急激に強化され、「牧」が登場した。これがのちに、地方軍閥の蟠踞《ばんきょ》を許すこととなる。

こうした混み入った事情を知らなければ、これから多発する後漢末期の叛乱の背景はわかりにくい。最初に征伐の将として名のあがった盧植《ろしょく》は、さすがに以前から声望もあったのだろう。期待にたがわず連戦連勝で、六月には張角を鉅鹿《きょろく》郡広宗《こうそう》県（現・河北省邢台《けいだい》市）まで敗走させ、これを包囲した。このまま戦いが推移すれば、盧植の戦勝により、後漢帝国はまだまだもちこたえられたかもしれない。

ところが、この大切な場面で、宦官のあまりにも現実をみていない馬鹿げた行為のために、歴史はその方向を変えてしまう。戦地の監察にやって来た小黄門《しょうこうもん》＝宦官の左豊《さほう》が、戦闘指揮中の盧植に賄賂を要求した。信じられない。しかもこれを拒絶した盧植に対して、その腹癒《はらい》せに、あろうことか、

「将軍は、故意に戦《いくさ》を遅らせております」

と誣告《ぶこく》（悪意ある虚偽を報告）したのである。

愚かなる霊帝はこれを信じて東中郎将の董卓《とうたく》と、盧植を替えてしまう。常勝将軍の盧植は無実の罪におとされ、失脚してしまう。

――問題は、かわって登場した董卓（字《あざな》は仲穎《ちゅうえい》）であった。

隴西《ろうせい》郡臨洮《りんとう》（甘粛《かんしゅく》省定西《ていせい》市臨洮県）の人。名門の出で〝健俠《けんしょう》〟（体中が壮健さに満ちていること

と）をもって知られ、羽林郎《うりんろう》（近衛将校）として出仕し、中郎将・張奐《ちょうかん》の軍司馬（幕僚）として、羌族《きょう》の鎮圧に功があった、というのだが、はたしてその軍才は、どれほどのものであったのだろうか。

颯爽《さっそう》と登場した董卓ではあったが、あとひといき、というところまで盧植がお膳立てをしていたにもかかわらず、これを生かせず、戦線は膠着《こうちゃく》状態に陥り、士気は落ち、ついには召喚されることに――。

本来なら董卓は、ここで歴史の表舞台から消えてしかるべきであろう。ところが、かれは「十常侍」に賄賂を贈って罪を免れたのであった。歴史はそのため、董卓に新たな『三国志』の仇役《かたき》を振り当て、高い代償を支払うこととなる。

## ◆決断の条件

一方、急ごしらえで軍を編成させられ、寄せ集めの志願兵を中心に出撃した左中郎将の皇甫嵩《こうほすう》は、一時、潁川《えいせん》郡長社県《ちょうしゃ》（現・河南省許昌市周辺）において、黄巾の将・波才《はさい》による包囲戦で絶体絶命のピンチに立たされる。

しかし皇甫嵩は、少数の決死隊を囲みの外へ脱出させた。そして、中と外から火を放って敵を大混乱に陥れる。このタイミングで、援軍が到着した。曹操である。

沈黙していた議郎から、急遽、騎都尉《きとい》に任じられたかれは、戦場にようやくその姿を現わした。編年体の歴史書『資治通鑑《しじつがん》』が、歴史的にみとめる——曹操の名前がはじめて登場する——のは、この黄巾の乱の鎮圧に参加した時であった。

さらに、右中郎将・朱儁の軍勢も合流して、皇甫嵩は大勝をかざることとなる。勢いに乗るかれは、次には冀州へ。董卓の尻ぬぐいまで、させられている。なんのことはない、皇甫嵩は盧植のやり方にもどして、ついには十月、黄巾の首領で「天公将軍」を称していた張角を、病没に追い込む。ついで皇甫嵩は、張角の末弟で「人公将軍」張梁《ちょうりょう》の率いる十余万の黄巾軍を撃破し、張角の首を洛陽へ。十一月にはその兄（張角の次弟）で、「地公将軍」を称した張宝《ちょうほう》を斬るに及ぶ。

曹操は『孫子』の冒頭「始計第一」（別のものでは計篇）の下に、最初の書き込みで、「計者《はかるもの》は将を選び、敵を量《はか》り、地を度《はか》り、卒《そつ》を料《はか》り、於《おい》て廟堂《びょうどう》（作戦会議をする機密の場所）に計《はか》る也《なり》」

と、わざわざ書き記していた。

『孫子』では戦争を、国家の存亡を左右する重大なものととらえ、慎重な考察をくり返し述べている。曹操も、戦う相手と自国を比較し、その優劣を計算して、両国の実情を求めるものが、戦争に勝つのだ、とコメントしていた。

とりわけ曹操は、経済——なかでも戦費——に関するコメントを、『孫子』にたくさん残していた。敵将を裏切らせるための工作費、戦勝後の賞与などの臨時の経費も、かれの頭には常にあったようだ（作戦篇）。

また、ひと度《たび》、戦争がはじまると、民間はそのしわよせをうけて六割以上がその損害をうける、と計算していた。兵站に関しても、遠距離の物質輸送においては、大半は運ぶ人々によって食べられてしまい、敵の襲撃で奪われることもあり、運搬者の帰路の分も考えてやらなければならない。そうすると、実際に戦地の将兵が手にするものは、祖国を出発したときの、二十分の一ほどでしかない、と曹操は冷静にみていた（作戦篇）。

かれは『孫子』をかたわらに、十代後半から二十代にかけて、自らを高めるための勉学にいそしんでいたことが、『魏武帝註孫子』は雄弁に物語っていた。

情報化社会といわれて久しい現代社会において、情報は洪水のように氾濫している。こうした情報過多の中で、幅広く、それでいて正確な知識を獲得するには、どうすればいいのだろうか。曹操は「洛陽北部尉」となったときから、周囲や部下を納得させるだけの説得力をもっていた。説得力を生み出すのは、正確で幅広い知識であり、あふれる情報の中から、必要なものを取捨選択する能力である。

あるいは反面教師でみれば、董卓は情報に疎い将軍であったのかもしれない。

これでは部下になめられ、信頼を失うことになる。周囲や部下に、己れの知識不足をごまかしつづけることは至難の業《わざ》であろう。

では、どうすれば情報収集・分析の勉学ははかどるのか。

一、自らの職務に関する書物は、常に身近に確保しておく。

二、〝公〟の定期刊行物や白書など、調査・研究に関する専門のレポートには、可能なかぎり目を通す。

三、新聞は読み方を工夫して、毎日、目を通す。

四、週刊誌、月刊誌、ＴＶ・ラジオの時事ニュースも、可能なかぎり入手する。

五、仕事が多すぎ、時間のないときは、他人に聞き、ディスカッションの中で情報を選《せん》差《さ》し、比較・検討する。

六、わずかでも暇ができれば、わが心身をゆったりと緩《ゆる》めて、自己の情報収集・分析を反復し、反省する。

## ◆曹操の〝寝学問〟

六は、孔子の『論語』にある、曾子《そうし》の「三省《さんせい》」――「吾《わ》れ日に三たび（何度も）吾《わ》が身を省《かえり》みる」である。

「人の為《た》めに謀《はか》りて忠ならざるか」

この「忠」は、口と心を一本につらぬいた形を文字にしたもの。つまり、まごころのこと。自分は人のために考え、相談に乗ったが、本当に自分はまごころをつくして、それをおこなっただろうか。まことにおいて、欠けているところはなかっただろうか。

「朋友《ほうゆう》と交わりし信《しん》ならざるか」

友たち同僚とのつきあいにおいて、最も大切なことは、信義を守るということだが、果して自分はその信義に不足するところはなかっただろうか。

「習《なら》わざるを伝《つと》うるか」

人はつい、知ったかぶりをしがちなものだ。はっきり習得も体得もしていないこと――うろおぼえの確信のもてないことを、人に伝えたり、教えたりはしなかっただろうか。

これら三つを「三省」というが、「省」の字ははぶくとも読んだ。身辺を整理し、無駄な時間、重複する仕事を省くことも、自己の考えを集中するためには大切なことである。その結果として、知識＝情報を取得することができる。

この六を〝寝学問〟と称したのが、幕末の勝海舟《かつかいしゅう》（一八二三〜一八九九）であった。

活《いき》学問（書物や口先の理屈ではわからない、実践にもとづいた学問）にも種々しかたがあるが、まず横に寝ていて、自分のこれまでの経歴を顧み、これを古来の実例に照らして、しずかにその利害得失を講究するのが一番近道だ。そうすればきっと何万巻の書を読破するにもまさる効能があるに相違ない。

区々《くく》たる（とるに足りない）小理屈は、たれか学者先生をとらえて、ちょっと聞けばすぐわかることだ。個中の妙味は、また一種格別のもので、おれの学問というのは、たいがいこの寝学問だ。

しかし俗物には、この妙味がわからないで、理屈づめに世の中の事を処置しようとするから、いつも失敗のしつづけで、そうしてあとでは大騒ぎをしている。実にばかげた話ではないか。

おれなどは、理屈以上のいわゆる呼吸（タイミング）というものでやるから、容易に失敗もせぬが、万一そういう逆境にでも陥った場合には、じっと騒がずに寝ころんでいる。またのちの機会がくるのを待っている。そしてその機会がきたならば、すかさずそれをつかまえて、事に応じ物に接してこれを活用するのだ。つまり、これが真個《ほんとう》の学問というものさ。

（勝部《かつべ》眞長《みたけ》編『氷川清話』・カッコ内は筆者による）

曹操もこの〝寝学問〟を実践していたかと思われる。このあと触れるように、かれには黄巾の乱のあと、わずかながら故郷へ引き込もった時期があった。曹操は「三省」するときにも、ゆっくり『孫子』をめくっていたにちがいない。

そういえば、日本の歴史上にも、曹操のごとくひたすら『孫子』を勉強し、一世を風靡《ふうび》した人物がいた。戦国時代、〝無敵〟の威名《いめい》をほしいままにした武田信玄（一五二一～一五七三）である。

その象徴こそが、戦場にたかだかと翻《ひるがえ》った、〝孫子の旗〟──俗称「風林火山の旗」（「孫子四如の旗」とも）と呼ばれた軍旗であった。縦三・八メートル、横七十八センチの紺地絹に金文字で大書されているこの軍旗は、風になびくや、味方には力強い風韻《ふういん》を伝え、敵には何ものにもまして恐ろしい威圧感を与えたことだろう。

まさに旌旗《せいき》、空を蔽《おお》うであった。

## ◆『甲陽軍鑑』の四タイプの大将

『孫子』の軍争篇──戦闘と作戦に関して──に、

「戦闘のなかで、機先を制するための争いほど難しいことはない」

と前置きした孫子が、あらゆる場合を想定してそれを論じた結果、

「故に兵は詐《さ》を以《もっ》て立ち、利を以て動き、分合《ぶんごう》を以て変を為《な》す者なり」

戦闘は敵の裏をかくことを中心とし、有利な位置に立って主導権を握ることを目的として行動し、分散や集合で兵力を自由自在に変化させるものである、との結論を示した。

「風林火山」の四文字は、まさにこの結論をうけて、具体的な戦術論として登場する。

故其疾如風——故《ゆえ》に其《そ》の疾《はや》きこと風の如く
其除如林——其の除《しずか》なること林の如し
侵掠如火——侵掠《しんりゃく》すること火の如く
不動如山——動かざること山の如し

もっとも『孫子』には、風・林・火・山の句に並んで、陰と震があった。

難知如陰——知り難きことは陰の如く
動如雷震——動くことは雷の震《ふる》うが如し

本来、計六つの短文のなかから、とくに「風林火山」を選んだのは、信玄個人の判断からと考えられる。そして、これら具体的な戦術を受けて、「権を懸けて而《しか》して動く。迂直《うちょく》の計を先知《せんち》する者は勝つ。此《こ》れ軍争の法なり」といい切った。「迂直の計」とはすなわち、迂回しながら実は最も近い道を取って、要点を確保し、不敗の地位に立つことである。

『孫子』軍争篇の、締めくくりといってよい。

そういえば、武田信玄の軍略・兵法を江戸時代になってまとめた書物に、『甲陽軍鑑《こうようぐんかん》』があった。

それこそ孫子を学んだ信玄を理想の大将として、そのリーダーシップの条件を並べて述べたものだが、後漢帝国を滅ぼし、三国鼎立の時代へと突き進んだ曹操の時代を考えるとき、むしろ参考となるのは、高坂弾正昌信《こうさかだんじょうまさのぶ》（本名は春日虎綱《かすがとらつな》）が信玄の後継者・武田勝頼《かつより》の側近に、提出したとされる諫言《かんげん》（命期巻《みょうごかん》）――大将としての資格を欠く四つのタイプは、今日においてもそのまま通用しそうである。

なにしろ、天下統一に最も近い、といわれた武田家滅亡の体験を反省し、その敗北の中から導き出した四つの大将の類型は、きわめて説得力があった。大将をトップ、リーダー、経営者、局長、部長とおきかえてもよい（以下、『甲斐志料集成』所収に拠る）。

一、鈍過《どんすぎ》たる大将
二、利根《りこん》（利口）過《すぎ》たる大将
三、弱過《すぎ》たる大将（臆病成《な》る大将）
四、つよ（強）過《すぎ》たる大将

さしあたって、後漢の霊帝は、一の「鈍過たる大将」そのものであったろう。

ここでいう〝鈍〟は馬鹿なる大将をいい、『甲陽軍鑑』では「虚共《うつけ》」（空虚《うつけ》）、「戯共《たわけ》」（戯《たわけ》）、「耄者《ほれもの》」（耄《おいぼれ》）とあった。ただ、この〝鈍〟＝馬鹿は、知能が著しく不足しているもののみを指しているのではなかった。むしろ、才能や能力は人並み以上にすぐれ、意志力も強くて一芸にひいで、武術の腕前も立派であっても、〝鈍〟はいた。

このタイプの大将の共通点は、自らの判断したことはすべて正解であり、間違いはない、と自惚《うぬぼ》れている点にあった。なまじ才能・能力があるだけに自尊心が強く、周囲におだてられると、つい木にでも登ってしまうタイプ。チヤホヤされるため、追従《ついしょう》されるがゆえに、判断力が鈍ってしまう。

## ◆「鈍《どん》過《す》ぎたる大将」＝霊帝の悲劇

いつの時代、どのような集団・組織であっても、部下は上司をほめるもの。しかし、〝鈍〟過ぎない大将は、それを儀礼上のもの、タテマエのことと心得ている。

ところが、自惚れの強いものはそうは思わず、すべて事実だ、本気でほめられているのだと錯覚、思い込む。うれしさが顔に出れば、部下はますますほめたたえてくれる。それを鵜呑《うの》みにしていけば、ハダカの王様となるのは時間の問題――。

かといって、

「オベッカを使うなど、けしからん」

と、自らをほめてくれた部下を、軽薄者のようにどなるのはどうか。やはり、「鈍過たる大将」といえよう。集団・組織のなかで、冷静に上司の欠点を本人に直言できるような部下は、ほとんどいないのが常識である。おせじや追従、オベッカをいちいち怒っていたのでは、全体の士気そのものに影響が出る。

すべての集団・組織において、人々の上に立つもの、およそ〝長〟、リーダーと名のつくものは、自らにあまり自信満々になってはいけない。そのために人を見る目が狂ったり、決断をあやまりかねない。

「鈍」＝「馬鹿過《す》ぎる大将」のもとには、馬鹿なる部下ばかりが集まり、真に分別のある正しいものは、間違いなく遠ざけられてしまうものだ。結果、「鈍過たる大将」は己れの馬鹿さかげんで倒れていく。

霊帝がまさに、この見本であった。

くり返すようだが、「鈍過たる大将」は、知能の低い人のことをいうのではない。自惚れのために自己を見失い、人を見る目をくもらせた大将のことである。

ほかの三つのタイプの大将については、これから適時みていきたい。

――さて、黄巾の叛乱である。

かれらは帝国の実情をよく研究していたが、蜂起の準備途中で企てを帝国に知られ、万全の用意ができず、ある類、出たとこ勝負、やぶれかぶれで決起に踏み切ったのが、敗因であった、と曹操はみていたように思われる。

そもそも、決起、開戦における決断力――これは往々にして、トップの訓練と経験の所産といえる。その前提となるのが判断力であるが、この判断力は多くの事実を集めて、各々を他の事実と冷静につきあわせ、比較検討しなければいけない。曹操のコメントにいう、「はかる」(計・量・度・科)しかりである。
先にみた勉学、知識=情報の収集・分析法は、その前提であった。
必要なのは確実性の高い根拠であり、それに基づいての客観性読解力であろう。事物や状況の筋道を明らかにして、ようやく利害得失を見極めることができた。

――その結果として、具体的な手段と方法が発見できる。
黄巾の叛乱は、こうした決断にいたるプロセスを、中途で打ち切って実戦へなだれ込んでしまった。あるいは黄巾は、むしろ不意討ち、奇襲に、勝算を見い出そうとしたのかもしれないが、これは戦いの正道とはいえない。筆者は他人本願の、雑種のようなものだと考えている。残念ながら、他人本願で勝てた戦争は歴史上にない。

にもかかわらず、「鈍過《すぎ》たる大将」=霊帝は、黄巾の蜂起はことごとく平定した、と一人思い込み、さっさと元号を「中平」に改めた。

しかし、黄巾の蜂起はその後も、やむことはなかった。

「なぜじゃ、なぜ終息せぬ……」

霊帝は心底、〝鈍〟であったが、一面、哀れでもあった。そもそもかれには、判断するための材料がなかったのである。

霊帝には、まともな判断材料が何一つ、上がってこなかったのだから無理もない。

天子の周囲は宦官「十常侍」が取り囲み、かれらにとって都合の悪い事実はすべて隠蔽《いんぺい》され、天子の耳には入らない。ときおり曹操や硬骨の〝士〟が、宦官の包囲網を突破して真実をもたらしても、霊帝にはそれを聞く能力――論理的に、多角的に、考察する材料、データがそもそもなかった。

## ◆帝国の末期症状と曹操の活躍

問題を解決する能力――鋭い直感力、本質を見抜く眼は、これまた決断力で述べた、訓練と経験の所産であった。逆に、曹操の天才的ともいえる直感力のタネは、普段の情報収集や〝寝学問〟で磨かれた洞察力あればこそで、軍事に関してはこれからみるごとく、専門分野としての修練によって、より一層、高度な判断力が磨かれていく。
主力が壊滅したにもかかわらず、青州へ、徐州へと叛乱の烽火《ほうか》（のろし）はやまず、むしろ燎原《りょうげん》（野原を焼きこがす）の火のように誘発しつづけた。

中平二年（一八五）八月、徐州の刺史《しし》（のちの牧）でのちに曹操と因縁をもつ陶謙《とうけん》は、自ら黄巾の残党征伐におもむき、一定の成果をあげたが、それでも叛乱軍は消滅せず、中平五年には黄巾の叛乱は再炎するありさま。

しかもその間──中平四年（一八七）には荊州の長沙《ちょうさ》の賊、その翌年には并州《へい》の白波の賊、豫州の葛陂《かっぱ》の黄巾、涼州の黄巾＝馬相《ばそう》の乱などと、叛乱の烽火《ほうか》はつぎつぎと誘爆していく。

ちなみに、この大陸全土に拡大した蜂起の叛乱集団は、建安年間（一九六〜二二〇）まで終息することはなかった。朝廷ではこれに対処して、各州の「刺史」を「牧」に改める改革をおこなっている。これまでの「刺史」が名誉職であったのを一新し、軍事・財政を掌握する権限を与えた。いわば、「刺史」に機動兵力を与えたわけだが、「牧」は古《いにしえ》の王と同格の実力者となった、といえなくもない。

まさに、諸刃《もろは》の剣であった。すでに後漢は国家としての機能を失っていた。中央が地方をコントロールできなくなっているのに、自己の判断で動ける「牧」が登場する。かれらは叛乱軍を独自に征圧することができたが、それは一方で群雄割拠を許すこととなる。史実、この大乱の中から、三国鼎立へむかう英雄豪傑が現われることとなる。

まず、混乱の間隙《かんげき》をぬって現われたのが董卓であった、といえる。

この間、済南の〝相〟となっていた曹操は、かつての洛陽県尉のときと同様、自らの信じる正義を誠実に実行に移した。ただ地位の向上は、与えられた権力を大きくし、その成果はかつての「尉」とは同じにならなかった。議郎のように助言だけで、結果のともなわないポストともちがっている。なにしろ済南には、十を超える県があったが、宰相たる曹操はその配下の、県の上級官をいきなり粛清する挙に出た。

　腐敗分子を罷免し、前漢の皇族・劉章《りゅうしょう》を祀《まつ》る邪教がはびこり、庶民の生活を苦しめていると知った曹操は、淫祠《いんし》六百あまりをことごとく取り壊して、邪信の根を断った。

　中平四年、かれは改めて東郡の太守の辞令を受けるが、どうしたことか赴任せず、官界を去って郷里の譙に隠棲してしまう。その心中や、いかに――。

『魏武故事《ぎぶこじ》』（三国志の注）によれば、「孝廉」に挙げられて官途についた曹操は、行く末、どこかの郡の太守にでもなって、地方の行政につくして、名声を世間に知らしめることができたら、それで本望だ、と考えていたという。まさに、平時の「能臣」の発想であった。

　ところが、かれの遭遇した朝廷は、宦官の不正・腐敗の根が思いのほか強く、太く、公明正大な仕事を全うするには、それらを排除しなければならなかった。曹操は躊躇《ちゅうちょ》することなく、妥協することなく、果断に責務を遂行したが、不正・腐敗の排除は、何処《どこ》までやっても際限がなかった。

　それどころか宦官の人脈、勢力は、わが身のみならず家族にまで、害を及ぼす可能性が出てきた。宦官派に無実の罪を着せられ、獄死したものも数知れない。

すでに家庭をもっていた曹操は、おそらく己れや家族の生命《いのち》にかかわる脅迫なども受けていたのだろう。一方で、祖父・父の交友関係からの、懸命な説得もあったにちがいない。

「ならば二十年ぐらい引っ込んで、世の中が落ちついたらもう一度、出仕すればよい」

と、曹操は考えたようだ。「孝廉」の同期に、五十歳で朝廷に出仕した者もいた。

やり直しの、時間は十二分にある。

# 第三章
# 試練

## ◆〝寝学問〟＝充電期の曹操

『易経《えききょう》』に、「潜龍《せんりゅう》、用《もち》うる勿《なか》れ」というのがある。

他日の大成をはかる人は、しばしば心身の養をはかるべきであり、そのおりにはエネルギーを無駄に用いてはいけない、との意だ。

譙の東五十里の処に書斎を造り、一年のうち夏と秋は読書を、冬と春は狩猟をしながら、「泥をかぶったような籠《こも》り生活をしたい」

と当初、曹操は考えていたようだ。

英雄が時を待って雌伏する姿を、「潜龍」「臥龍」などと称したが、後日を期するのであれば、心身をすこやかに、充電の時期だと割り切ることが大切であった。

「三年蜚《と》ばず、蜚《と》ばば将《まさ》に天を衝《つ》かんとす。三年鳴かず、鳴かば将に人を驚かさんとす」である（『十八史略』）。楚《そ》の荘王が位について三年間、何もしなかった。名臣の伍挙《ごきょう》がその理由を問うと、荘王は自らを鳥にたとえた。曹操の思いも同じであったろう。

かれの任官の順序については、騎都尉→済南相→帰郷→典軍《てんぐん》校尉とは別に、済南相→帰郷→都尉→典軍校尉というものもあった。が、いずれにせよ曹操は、建安十五年の時点で己れをふり返ったとき、隠逸して〝名士〟の名声を獲得するか、官途について地方行政で成果をあげるか、その二つしか考えていなかった、というのが興味深い。

しかも、前者は自分にむかないと考え、後者の道を選んだが、宦官の抵抗や脅し、横車に閉口して、一時撤退を余儀なくされている。実に、かれの出処進退はいまふうであった。むやみに肩肘はらず、力《りき》まず、その動きは力の抜けた軽やかなものであったといえる。

優秀な人間があるときを境に、計画性に精密さが失われたり、天才的といわれた閃《ひらめ》き、勘が働かなくなったり、連戦連勝の成果に狂いが生じたりするのは、きまって心身――ストレスや肥満といった精神的・肉体的・生理的な条件の変化に拠るものであった。

にもかかわらず、大半の人はその前兆を見逃してしまう。多忙な環境が、すべての起因であった。しかし、これはよほどの意志と決意をもって、忙しさ、仕事を遮断しないかぎり、抜本的な解決にはならなかった。

曹操はその点、見切りが「拙速」であった。と、同時に、

「意外に平凡じゃないか」

と、筆者は思ったものだが、歴史上の人物はあるいは、皆同じなのかもしれない。

自らの役割――歴史上に割り当てられた任務――が明確になるまで、人々は普通の生活の中に本来、いるものなのであろう。曹操には、後世に喧伝されるような、後漢帝国を簒奪するといった意図は、そもそもなかった。その具体的な手順、方法も浮かんでいなかったに相違ない。第一、兵力がなかった。

本人すら気がつかない自らの資質、性格、立場が、歴史の求める条件と合致したとき、奇《く》しくも英雄は龍となって、世に飛躍するものなのかもしれない。

人望力もしかり。潜在性は別として、日常生活に目立って非凡に、活用されるなどというものではないのかもしれない。それこそ『孫子』の兵法にいう、天・地・人のタイミングが合致した時、人望力も光をおび、その人物の一言片句《いちごんへんく》が輝き、多くの人々をひきつけるのかもしれない。

それにしても、黄巾の乱鎮圧に参加した曹操の、自ら望んだ隠棲自適の生活から、将来、召し出されてのちの目標が、「侯」に封じられ、征西将軍に登用され、その墓石に、

「漢の故《もと》の征西将軍曹公之墓」

と、刻むレベルであったことはおもしろい。

この時点でのかれには、帝国の「征西将軍」となる望みが、最高の栄誉であったのだ。本人ですら、のちの魏王は空想すらしていない。

併せて、譙《しょう》に隠棲を決定した、無為の、ほんのわずかな休息——生涯、席の暖するひまなく戦野に生死を懸けて、生き抜くことになるかれの、読書と狩り三昧の日々。心豊かに、自らの楽しいことのみを対象として、外界からはなれ、自分の世界に閉じ籠ることのできる至福の一刻《ひととき》——曹操には一方で、それを乞い求める内面豊かな世界も、併存されていたのであった。このことは、留意しておきたい。

精神的・肉体的な疲労を蓄積せず、心身共に健全を維持するためには、次の五点が重要である。

一、常に健康に留意し、心身をリフレッシュする場を設け、衣・食・住にも気を配る。
二、専門分野の研究・調査とは別に、趣味の世界をも充実させる。
三、専門馬鹿にならないように、視野を広げるためにも活発な好奇心、広い教養と識見をもつ努力をする。
四、起こり得るトラブルを事前に想定し、その状況判断を他者もまじえて検討し、ケーススタディを試みて、想定内の不安に備える。
五、トラブルが起きたら、対策を実行しつつ、必ず事後の反省会を設け、よりよい対処法はなかったか、種々工夫もし、検討する。

## ◆「利口過《すぎ》たる大将」＝何進、登場す

黄巾の乱により、天子の兵力を充実しなければならない、との思いが帝国に痛感され、「西園八校尉《さいえんはっこうい》」が新たに設けられた。

曹操は典軍校尉となり、旧知の袁紹も中軍校尉となった。

かれの任官に関しては、宦官勢力への対抗上、かれに得意の兵家をもって、実兵力を率いさせようと、その周囲が根回ししたのであろう。

それとも逆に、宦官派がこの際、思い切って曹操を亡き者にする決意をしたか……。なにしろ、この八校尉をたばねるのが、霊帝お気に入りの宦官・蹇碩《けんせき》であった。かつて曹操が洛陽北部尉として、みせしめのために叩き殺した人物の甥が、直属の上司となったわけだ。もし、この上下関係がつづいていたならば、あるいは曹操は罠にはめられ、生命《いのち》を縮めることになったかもしれない。

かれにとって幸いしたのが、中平《ちゅうへい》六年（一八九）四月、何らなすすべもなく宦官《かんがん》たちの朝廷独占を許し、あまつさえ売官制度を容認して、自身も懐《ふところ》を肥やすのに懸命だった「鈍過たる大将」＝霊帝が、三十四歳の若さでこの世を去った。あとに、皇子が二人残る。十四歳の劉辮《りゅうべん》と九歳の劉協《りゅうきょう》であった。

これまでの後漢では、「外戚」が権力を握り、宦官たちがそれを奪取する、といった構図のもとで歴史は展開されてきたのだが、ここにきて、両者の対立に思いもよらない弾みがついた。劉辮が少帝となり、即位する。

少帝の母は屠畜を業《なりわい》とする店の娘で、霊帝の皇后となるや、実の兄を漢帝国の最高軍事権をもつ「大将軍」に任命した。何進《かしん》である。

この男はおよそ教養の片鱗もなく、品性卑《いや》しく、しかも性格は残虐凶暴ときていた。

それでいて人一倍、物欲、金銭欲は旺盛という、とんでもない人物であった。先にみた、国を滅ぼす大将の四つのタイプでいえば、二番目にあげた「利口過《すぎ》たる大将」となろうか。読者の中には、はて、といぶかる方がいるかもしれない。

意地が汚く行儀が悪い。教養の欠けらもない、というなら、一の「鈍過たる大将」ではないのか、と。ここでいう「利口」は、賢《かしこ》いという意味ではない。物欲、金銭欲、色欲などに旺盛な、利害打算に鋭敏な〝大将〟のことをいうのである。

もとより何進は、〝賢〟でもなければ〝士〟でもない。がさつなうえに、おごりたかぶり、〝士〟としての平常心——勝って奢《おご》らず、敗れて落胆せず、常に沈着冷静であること——を持たない。それでいて、敵にも味方にも無慈悲な大将であった。部下のあげた功績をすら妬《ねた》み、横どりしようとし、恩賞も出しおしみして、杓子定規に民百姓をしぼっても、何の痛痒《つうよう》も感じない。口ではものわかりのいいところを語りながら、いざとなると、〝欲〟を手ばなすことができないのだ。

この利害打算に鋭敏な大将は、「鈍過たる大将」と同じく自惚れも強い。虚栄心も大盛だ。特徴は名将・智将といわれた先人、先輩の真似をしたがるところにあった。

行動も独自性を強調し、誰もができなかったことを、わが身でやってみせようと、ついつい背伸びをする。部下が懸命の説明を試みても、片端を少し聞くと、

「分かった、分かった、もういい」

という。己れの読解力によほど自信があるようで、自らの慢心を反省したりはしない。

このような大将を上にいただくと、下はその利害打算の渦に巻き込まれ、何ごとも金銭の大小で判断、行動するようになる。軍中にまともな〝士〟が残っても、結局は多勢に無勢で、失脚させられることになろう。

まさに、「大将軍」何進そのもの。それだけにこの男には、そもそも国政担当能力などはなかった。その意味では〝欲〟に目を向けさせて、虚栄心を満足させてやれば、きわめて扱いやすい男であったともいえる。

ところが、この低能で中身のない「利口過《すぎ》たる大将」＝何進にとりいって、国政を壟断《ろうだん》しようとする者が現れた。袁紹である。ついに、歴史の表舞台にその姿を現わした。

## ◆後漢帝国を瓦解させたのは袁紹⁈

この人物については、すでに少しふれている。風貌で曹操に優《まさ》り、その出身は名門中の名門で、四世のうちに五人の〝三公〟を出していた。後漢初期の袁安《えんあん》は「司空」・「司徒」、その子の袁敞《えんしょう》は「司空」、その兄弟・袁京《えんきょう》とその子・袁湯《えんとう》は「司空」・「司徒」・「太尉」を。袁湯の子・袁逢《えんほう》は「司空」、その兄弟の袁隗《えんかい》も〝三公〟をつとめている。

この記述に間違いはないのだが、それでいて袁紹は、かならずしも清流の〝士〟の、正統な系譜にいたかといえば、そうともいえなかった。なによりかれは、曹操の不良仲間である。しかも、その兄貴分でもあった。

袁紹にも、出生に関する暗さがつきまとっていた。

王沈の『魏書』では、袁紹を袁逢の庶子としており、袁術の異母兄であったが、伯父の袁成《えんせい》の養子となり、その跡目を継いだとも。別に袁成の実子というものもあり、父に死なれて叔父の袁逢、袁隗に育てられたともいう。

「お前の母は下女《げじょ》であり、ほんとうは卑賤の出ではないか。名門袁氏のあとをつげる身分でもなく、家名を汚《けが》しているだけではないのか」

のちに対立することになる公孫瓚《こうそんさん》は、情け容赦なく、罵倒している。

このあたり、袁紹にも曹操と同じような、屈折と似かよった心の軌道を感じるのは、筆者だけであろうか。確かに袁紹は、〝名士〟何顒《かぎょう》とも五分の交際をしており、「奔走の友」としての契《ちぎ》りを結んでいた。清流に属する人々とも親しく、文献のうえでは、曹操よりはやくに不良の足を洗い、周囲に〝士〟を集める努力をしていた形跡もある。

中常侍の趙忠《ちょうちゅう》などは、

「いったいやつは、何をしでかすつもりなのか」

と、早くから袁紹に警戒の目をむけていたようだ。それを聞いた叔父の袁隗が、

「いまにお前が、わが袁家を破滅させることにならねばよいが……」

と愚痴った挿話まであった。

袁紹は自身、〝士〟の代表をもって任じていたようだが、それは曹操と同様、十代途中から改心してのことによる。また、その父はどういう人であったか。かつて順帝の皇后の「外戚」であった、〝跋扈《ばっこ》将軍〟こと梁冀《りょうき》の腰巾着をやっていたという。

それでいてその一方で、曹操の祖父・曹騰《そうとう》の機嫌を伺いながら、同じく宦官の袁赦《えんしゃ》からは同姓のゆえをもって引き立ててもらうといった、明らかな濁流系——宦官派の貴族であったとの証言もある。

その袁紹が、こともあろうに宦官の皆殺しを、何進に献策した、というのだ。

ことのおこりは、「西園八校尉」の総司令官（上軍校尉）である蹇碩《けんせき》が、兄帝より利発な劉協の後見であったため、袁紹は何進を唆《そそのか》し、

「いまにして蹇碩を誅殺せねば、のちのち、少帝に害がふりかかりましょう」

と説いたという。何進は、この進言をすんなり容れている。

やはり「利口過《す》ぎたる大将」のタイプであったようだ。今だかって何人も成し得なかった宦官の皆殺しである。さぞやその虚栄心は、満足したことであろう。

宦官を消し去れば、己れの懐に入ってくる利益は計り知れないものとなる。少帝の即位から、十三日目であった。何進は眉一つ動かさず、蹇碩を逮捕するとあっさり、この総司令官を誅殺してしまった。

――ここで、意外なことが判明する。

「十常侍《じゅうじょうじ》」に代表される宦官の派閥は、常に清流の〝士〟に対しては一枚岩の結束を示したが、宿敵の「外戚」を倒してしまうと、次に決まって内部分裂を引き起こしていた事実だ。たとえば「十常侍」の一人・郭勝《かくしょう》は、何進側に与《くみ》して蹇碩誅殺に一役買っている。

何進はつづいて、董《とう》太后（霊帝の皇后）の兄・車騎《しゃき》将軍の董重《とうちょう》を葬り、董太后をも毒殺してしまった（『九州春秋』では自殺）。

袁紹はここで、宦官を本気で一掃しようとする。宦官たちは身の危険を感じて、何太后の周囲に賄賂を贈り、懸命のとりなしを依頼した。朝廷内は混乱の度を増し、袁紹はしきりと諸国へ檄を飛ばした。

## ◆漁夫の利を得た董卓

黄巾の乱以来、全土で起きている反帝国の動きに対して、実力をつけた群雄諸将を、都に呼び寄せて、何太后をそれらの圧力で屈服させようとしたのだが、このことがいよいよ、帝国の瓦解を決定づけてしまう。

何進に協力して、何顒《かぎょう》や荀攸《じゅんゆう》などの〝名士〟を、朝廷の枢要の地位につけていく袁紹に対して、曹操は皮肉を込めて忠告している。

「宦官は昔から朝廷にいるのだ。権力を与えさえしなければ、今日のような事態にはならなかったろう。罰するのなら、親玉だけをやればいい。それには獄吏一人で、十分ことはたりる。なんでわざわざ、外部から朝廷内の恥をさらして、必要もない軍勢を、都へ呼び入れたりするのだ。一人のこらず誅滅しようなどと企てると、必ず事前に漏れてしまうぞ。私には失敗が目に見えるようだ」

曹操には黄巾の挙兵のことが、脳裏にあったのかもしれない。

宦官たちも座して死を待つなど、誰一人、殊勝《しゅしょう》に考えてはいなかったであろう。

八月二十五日、何進のこちらをなめきった様子を観察しつつ、何太后の名をもってこの大将軍を朝廷に召し出す偽の詔《みことのり》を発すると、やってきた何進をそのままあっさりと、騙《だまし》討ちにして殺してしまった。

この時、顔面蒼白となりながら、怒りをあらわにしたのが袁紹である。否、かれは内心、ほくそ笑んでいたかもしれない。後漢帝国の、軍事指揮権は大いに混乱した。いまならこれを、ものにできるだろう。なにしろ大将軍の何進が死に、「西園八校尉」を指揮する立場の、蹇碩もすでに亡《な》いのだから。

一時期、対抗馬と目された車騎将軍・董重《とうちょう》もすでに葬られ、トップを欠いた帝国の大軍団の将兵は、ただ、何進の報復というスローガンのもと、朝廷内になだれをうって討ち入った。狙うは、「十常侍」である。袁紹は「十常侍」の趙忠《ちょうちゅう》らを捕らえ、斬殺している。

宦官もしくは、それと看做《みな》された老若二千余名が、このおりに殺害された。不思議なのは、何進の部下で軍幹部の何苗《かびょう》までが、このどさくさにまぎれて殺されているのである。頭から湯気を出しつつ、血でふくれあがった顔の将兵たちには、敵も味方もなかったのかもしれない。

「十常侍」の生き残りである張譲《ちょうじょう》と段珪《だんけい》は、このままでは殺される、と皇帝と皇弟たちを人質でもとるように連れて、辛くも宮殿を脱出したが、以前に宦官たちにおとしめられた尚書《しょうしょ》（文書を司る・六百石）の盧植《ろしょく》に追撃され、都の東方・小平津《しょうへいしん》（現・河南省鄭州《ていしゅう》市の西北）に追い詰められた二人は、そのまま黄河に身を投げて自殺する。

では、この暴挙によって、最も利を得たのは袁紹かと思いきや、そうともいえなかった。

董卓肖像画『絵本通俗三国志』より

かれが檄を発した諸国の実力者のうち、最も多くの軍勢を率いて洛陽《らくよう》に一番乗りしたのが、あの董《とう》卓《たく》であった。当初、三千の兵しかつれていなかった董卓は、その兵数を多く見せるため、数日間は毎晩、兵をひそかに外へ出し、朝になってにぎやかに隊列をくませて入城させることをくり返した。

歴史は皮肉に、みちあふれていた。董卓が都を占拠したとき、「外戚」最後の何進も殺され、宦官も殺戮されつくして、二つの派閥がようやく消え去っていたのである。それでいて後漢帝国は再生の方向へはむかわず、解体の速度をはやめることになった。

董卓は将としての指揮はからっきし下手であったが、腕力だけは人並み外れたものを持ち、若い頃から羌族《きょうぞく》や群盗の討伐で武功をあげてきた武人で、霊帝崩御のころは、叛乱軍を鎮圧してはその兵力を吸収しつつ、并州《へいしゅう》牧として、現在の山西省一帯を牛耳っていた。

董卓は若いころ、

「なすは則《すなわ》ち己れなるも、有《ゆう》するはすなわち士なり」

と、己れの功績をも部下に譲る気前のよさで、多くの将士の人望を得ていた。

だが、この将器も年齢とともに潑剌《はつらつ》さが失われてしまったようだ。すでにみた如く東中郎将として黄巾賊に対峙したものの、これを降すことができず、莫大な賄賂によってその敗戦の責任をまぬがれるとともに、地方で勢威を蓄える足掛りを得ていた。

朝廷を独裁すべく董卓は、荊州《けいしゅう》の刺史・丁原《ていげん》の義理の息子で、それこそ三国志一の強者《つわもの》である呂布（字《あざな》は奉先）を味方にひきこみ、丁原を殺させ、その軍団をも自らのものとした。

そして次には、少帝を廃位にして弟の陳留王を擁立しようとする。

## ◆冷静な第三者、曹操

これには袁紹も驚き、懸命に止めに入るが、董卓は耳を貸さない。袁紹は都を捨てて、冀州に身を避けた。

「天下の事、豈《あ》に我に在らざらんや。我、之《これ》を為さんと欲すれば、誰か敢《あ》えて従わざらん」

董卓はひとり反対した盧植をも罷免し、陳留王の劉協《りゅうきょう》を即位させる。献帝であった。

そして、自らは〝三公〟の一《いっ》・「太尉」となって、帝国軍事の大権を掌握した。

いかに、波乱に満ちた一年であったか。年号が「中平《ちゅうへい》」から「光熹《こうき》」、「昭寧《しょうねい》」、「永漢」、さらにはもとの「中平」へと目まぐるしく変ったこと一事でもしれよう。

さらに十一月、董卓は「太尉」から、帝国最高のポストである「相国《しょうこく》」に就任した。この地位は、前漢の功臣・蕭何《しょうか》のポストとして知られており、事実上、〝漢〟の帝国ではその後、空席となっていた。

冀州に逃げた袁紹に対して、ここは一まず懐柔策をとったほうがよい、との進言をうけた董卓は、袁紹を勃海郡《ぼっかいぐん》（のち渤海郡《ぼっかいぐん》　現・河北省滄州《そうしゅう》市の南）の太守に任じ、列侯にも封じた。袁術も後将軍とし、ついでに曹操をもこのとき驍騎校尉《ぎょうきこうい》とした。

しかし袁術も南陽（現・河南省南陽市）に出奔し、曹操も逃亡生活に入った。

洛陽を去って、逃げのびた袁紹は、しきりに反董卓連合軍の結成を、諸国の実力者たちに働きかける。

――改めて、逃亡にいたる曹操の動きを追ってみる。

かれは当初、袁紹とつかずはなれず、それでいて己れの野心を具体的には表に出さず、袁紹が消えた前後に、自らも逃亡の道を選んだ。

何進の宦官皆殺しを批判したように、曹操はポイントのみ押えて、そのほかは許容するという、現実的な発想の持ち主であったことが知れる。

一方の袁紹は、一気呵成に事を運ぼうとするあまり、焦り、完璧を期そうとして、かえって隙を作りやすい人物であることが明らかとなった。

ただし二人はまだ、敵ではない。董卓に対する、共闘の友人であったといえる。

そういえば、西園八校尉に出る以前、故郷で隠棲していたとき、曹操のもとへ、冀州の刺史であった王芬《おうふん》やその同志の許攸《きょゆう》、周旌《しゅうせい》から、のちの袁紹と同様の、宦官誅滅の企てを持ち込まれたことがあった。まだ、霊帝の存命中であり、かれらはこの凡帝を廃して、合《ごう》肥《ひ》侯（がっぴ、とも・後漢の皇族）を擁立することを画策していたのだが、曹操も味方に引き込もうと、誘いの手紙を出した。

宦官派ににらまれている曹操の現状を知っていたのだろう。荷担するのではないか、と思ってもおかしくはない。ところが曹操は、けんもほろろに即答で一味をことわっている。

「天子を廃位するというのは、天下においてこのうえない不祥事である」

このあたり、袁紹も同じ姿勢のようだ。それでもやるというのなら、成敗の結果を計量し、利害もはからなければならない。前にみた『孫子』のメモと、内容はかわらなかった。

そう述べた曹操は歴史上、クーデターの成功例を具体的にあげ、今のあなた方にはそのいずれもが該当しない。自身の力量を昔の例と比べれば、いかにあやういことをしでかそうとしているか、おわかりになるでしょう、と論じていた。

はたして曹操の予測したとおり、王芬らは霊帝の巡幸の機会をうかがったが、朝廷に気配を読まれ、自殺に追いこまれてしまう。

## ◆曹操が演じた惨劇の真相

洛陽を脱出した曹操は、わずかな従者とともに、ひたすら東へむかった。目指すは故郷である。かれはどこまでも、後漢帝国の正統な官僚＝〝士〟であろうとしていた。

正規に任命された西園八校尉の一・典軍校尉には、狩りと読書三昧の隠遁生活を断念して、すみやかに就任したが、董卓に任じられた驍騎《ぎょうき》校尉は受けず、これまた即座に逃亡を企てた。

無論、帝国最大の実力者である董卓にさからったわけだから、叛逆者とみなされ、みつけ出されたら処刑される。偽名をつかって、董卓の探索を逃れながら曹操は、ようやく河《か》南尹《なんいん》の成皐《せいこう》県（現・河南省開封《かいほう》市の西北）にいたった。

ここには、旧知の呂伯奢《りょはくしゃ》がいた。

ところが、ここに立ち寄ったことが、思わぬ惨劇をひきおこすことになった、という。呂氏の一家皆殺しというとんでもない蛮行を、曹操がおこなったというのだ。

そもそも『三国志』の本文には、この話はなかった。ただ、裴松之《はいしょうし》の注に三種類の史料が引かれていた。王沈《おうしん》の『魏書』は淡々と、次のように述べている。

たまたま呂伯奢は家におらず、訪ねて来た曹操を子や食客たちが襲い、その馬や金品を強奪しようとした。やむなく曹操は、刀を手にして数人を斬り捨てた。

これが晋《しん》の郭頒《かくはん》の『世語』となると、呂伯奢の外出はかわらないものの、五人の子供はみな家にいて、曹操を客人として丁重にもてなそうとする。ところが、曹操が疑心暗鬼となり、その丁重な扱いをも、董卓に自分をひきわたす罠ではないか、と疑い、剣をふるって夜のうちに八人を殺して立ち去ったというのだ。

さらに、晋の孫盛の『異同雑語』ではより具体的に、曹操が食器の触れ合う音、料理について話しているのを、自分を殺そうとしているものと思い込み、先手必勝とばかりに、夜のうちに家人を皆殺しにしてしまう。あとで誤解とわかったものの、いまさらどうすることもできない。ここで曹操は、悲痛な面もちながらも、後世に伝えられる原由《げんゆう》（事の起り）

のセリフを吐く。

「寧《むし》ろ我《われ》、人に負《そむ》くとも、人をして我に負《そむ》く無からしめん」

そういい放って、かれは逃亡の旅をつづけたという。

真実は何処《いずこ》であったのか。曹操は時代を経るごとに、三国志の仇役をふられるようになる。劉備を主人公とした『三国志演義』では、誤解して家人を皆殺しにしたところで、呂伯奢が帰宅してくる。生かしておいては、あとがやっかいなことになる、と考えた曹操は、即座に呂伯奢をも斬り殺し、歴史に定着するセリフ、

「寧ろ我《われ》をして天下の人に負《そむ》かしむるも、天下の人をして我に負かしむる休《な》かれ」

をうそぶいたことになっていく。

――筆者は、『魏書』を捉《と》りたい。

曹操は、軽はずみをしない男であった。宦官に自身や家族を狙われたときも、冷静に情勢を分析し、故郷に引きこもっている。いかに逃亡生活で、精神的に追いつめられていたとしても、任侠のまねごとをしながら、世をすねて生きてきた時代をもつ男である。

自ら墓穴をほりかねない――ここに来た、ということを董卓に知られるような、ヘマをやったとは考えにくい。知られず逃げることがかなわない状況の中で、殺害という断をくだしたと考える方が、曹操その人らしいように思われる。

そもそも、右のようなことは、史実としてはなかったようにも、筆者は思う。

逃亡の途中の旅先で、似たような追剝団《おいはぎだん》に出くわしたかもしれない。相手の人物を見て、この程度のチンピラが……、と曹操が応戦した。その程度のことならば、幾つかあっただろう。このあたり、民間伝承の恐ろしさといってよい。

## ◆逃亡の中の曹操

『三国志』の本文には、次のような別な話が載っていた。
河南尹の東の境に近い中牟県《ちゅうぼう》(現・河南省鄭州《ていしゅう》市中牟県)まで逃げて来た曹操は、亭長(宿駅の役所の長)に都からの逃亡者として疑われ、県の役所まで連行される。

このとき、曹操は剣を抜いていない。一緒に都を出た部下もいなかったようなのだが。一方、董卓からの指名手配書は届いていた。さらに、役人の一人は、曹操本人であることに気づいていた様子。しかしその役人は、この混乱した時代に、天下の雄傑を拘引すべきではない、と独自に判断。あえて、曹操を釈放している。

『資治通鑑《しじつがん》』もこの話のみを採用し、呂伯奢の家人殺害の件は無視している。やはり後世に潤色《じゅんしょく》された形跡がある、と判断したのであろう。

朝廷に仕える清流の〝士〟は、二度目の〝党錮《とうこ》の禍《か》〟で全国に散っていた。かれらは、曹操のこれまでの活躍をそれ相応に伝聞していたと考えられる。

史実の曹操は、目的と手段を混同しない人であった。

生命《いのち》ながらえるために、いいかえれば、逃亡のために逃亡をしていたわけではない。かれはあくまでも董卓を倒すため、挙兵するために当面、身を隠していたにすぎなかった。

ただここで問題になるのが、曹操の地位であった。帝国の武官として、黄巾の乱のおかげで西園八校尉の一人には選ばれたものの、かれには自前の兵力がなかった。軍は帝国所有のもので、目下それを自由に動かしているのが董卓であったわけだ。

その董卓の非を鳴らし、天下に己れの存在を明らかにするためには、何よりも〝実力〟、兵力が不可欠であった。だが、ライバルの袁紹とは異なり、曹操には一族一門で培《つちか》ってきた郎党や門下生、潜在的に従ってくれる勢力といったものが、皆無であった。

なにしろ権勢を誇った祖父・曹騰は、徒党を組まず、勢力バランスをたくみにとりながら、朝廷を生き残る孤高のタイプの人物であった。父・曹嵩は位を財貨で手に入れた人であり、中平四年（一八七）には「太尉」となっていたが、実力をそもそも持っていなかった。

加えて、帝国最高の〝三公〟も、董卓の登場で有名無実化している。

董卓打倒を叫ぶには、何よりも戦うための兵力が不可欠であった。

陳留郡（開封の南東）までたどりついた曹操は、ここではじめて義勇軍を募集する。そのための、資金的援助をしてくれたのが衛茲《えいじ》という人物であった。

「天下を平らぐるは、必ず此《こ》の人也《なり》」

衛茲は一目みて、曹操を認めた。

ここでも、曹操の不思議な人望力が発揮された、といえよう。衛茲も清流の流れを汲む"士"であり、"名士"郭泰《かくたい》の門に学んだ経歴をもっていた。衛茲には、同門に圏文生《けんぶんせい》という兄弟弟子がいた。二人して師の郭泰のおともをして、市場に買い物にでかけたことがあったという。

このとき、衛茲は商人のいうとおりの値《あたい》を支払い、圏文生は値切ってものを買った。のちに、郭泰はいう。寡欲《どんよく》な衛茲は曹操の挙兵に協力し、節義の人として後世に名を残したが、圏文生は金銭のために身をほろぼすことになった、と。

のちのことながら、衛茲はこの先も曹操を支えつづけ、滎陽《けいよう》（現・河南省鄭州《ていしゅう》市）で董卓の大将・徐栄《じょえい》の大軍に敗れて戦死する。曹操はその生涯にわたる献身に対して、衛茲を祀《まつ》ることをかかさなかった。ちなみに、その子・衛臻《えいしん》は曹操——文帝——明帝に"直言の士"として仕え、魏の重臣、列侯に封ぜられている。

もとより、曹操の挙兵は祖父・曹騰以来、蓄積してきた曹家の財産をことごとく投げ出すことになった。挙兵の地・陳留は曹操の故郷・譙まで、北西に百数十キロメートルの距離であった。曹氏、夏侯氏の一族も同様、曹操の血縁者たちも、立ちあがった。

董卓を倒さなければ、こちらが一族皆殺しとなりかねない。中平六年（一八九）十二月、曹操は己吾《きご》（現・河南省商丘《しょうきゅう》市の南西）——つまり、陳留と譙との中間地点で、反董卓の旗印を掲げた。自前の軍をもったとき、曹操は三十五歳になっていた。

## ◆曹操を支えた夏侯氏

いよいよ戦塵に生涯を送る、曹操の本格的な軍歴――『孫子』片手に――がはじまるのだが、宦官の家系の曹氏には、実質一族と呼べるものは少なかった。

そうした中で、曹操軍の中核を担ってくれたのは、実父・曹嵩の出身・夏侯《かこう》氏であった。なかでも、夏侯惇《かこうとん》（曹嵩のおい）とその族弟《ぞくてい》（一族の同じ代で年若い男）の夏侯淵《かこうえん》の存在は、ずばぬけて大きかった。

夏侯惇は字《あざな》を元譲《げんじょう》、沛《はい》国譙《しょう》県（現・安徽省亳州《はくしゅう》市）の人。前漢帝国を築いた劉邦（高祖）の将軍・夏侯嬰《えい》の後裔であるという。もとより、信憑性《しんぴょうせい》はない。

しかし二人は、少年時代から曹操とは面識があったようだ。

夏侯惇はおそらく、曹操の部下の中で最も大切にされた人物といえる。

なにしろ、魏が創業してのち、多くの重臣が魏の諸侯となる中で、ひとり夏侯惇だけは後漢帝国の官位そのままであった。これは曹操が夏侯惇を、「不臣の礼」（臣下としては扱わない特別待遇）として厚遇したことに拠る。しかし、夏侯惇本人には、このことが不満であったらしい。かれは自分らを、それほどの人物ではありませぬ、と述べている。

すると曹操は、

「礼儀によって、最高の扱いは臣下を先生として敬《うやま》い遇することであり、その次が臣下を友人として待遇することだ、とわたしは聞いている。そもそも臣下とは徳義をたっとぶ人のこと――忠誠心にあふれ、の意――である。とるにたらぬわが魏が、どうしてそなたに臣下として頭を下げさせることができようか」

と答えた。

それでも夏侯惇が、かさねて強く要請したので、曹操はかれを「前将軍」に任命する。ちなみに、蜀漢の劉備の政権での「前将軍」は、「関羽《かんう》」であった。

それほどの、好漢ではあったが、若い頃は曹操と同様、血の気の多い――タイプとしては別な――正義感過剰の、ナイフのように尖《とが》った若者であったようだ。

十四歳のとき、学問を教えてくれた先生が侮辱され、カッとなった夏侯惇はその男を殺害している。この事件で一躍、名を知られたかれは、侠の世界がむいていたのかもしれない。それでも曹操が兵をあげると、当初からかけつけ、「裨将《ひしょう》」(部隊の指揮官)として、曹操のかたわらにあった。

当然のごとく、曹操の身代が大きくなり、出世栄達して往《ゆ》くにしたがって、夏侯惇の地位・職責もあがり、その分、身分も重くなっていった。かれのように、結果として曹操に引きあげられ、出世した人物は、ほかにも多数いたであろうが、夏侯惇が〝最高の家臣〟

と尊称されるまでになるのは、その忠誠心と自らの部下に対する冷静で沈着、感情を押え切った、客観的な判断能力があったからだ。

かれは曹操を見ながら、自らを〝士〟として磨いた形跡が濃厚であった。

夏侯惇はカッとなる激越な、己れの性格を猛省し、曹操式に尊大さと繊細さを併せもつようになった。しかも、後漢帝国末期の、混乱した群雄割拠の世相の中で。人間、やはり実践にすぎたるものはないようだ。「艱難《かんなん》、汝《なんじ》を玉《たま》にす」（苦労を重ねて、はじめて人は大成する）は正しいように思われる。

その一例が、部下の韓浩《かんこう》に、敵味方と共に殺されそうになった一件であろう。

## ◆曹操と夏侯惇の共通点

——話が少し、先に飛ぶ。

興平元年（一九四）、張邈《ちょうばく》が謀叛を起こして、呂布と合流したことがあった（詳しくは後述）。曹操は四十歳。夏侯惇《かこうとん》も同じぐらいの年齢であったろう。

このとき、夏侯惇は濮陽《ぼくよう》（現・河南省濮陽市）の守備にあたっていたのだが、曹操の家族が鄄城《けんじょう》（現・山東省菏沢《かたく》市）にあり、これを救出すべく軽装備の軍勢をひきいて鄄城へ赴《おもむ》く途中、呂布と出くわしてしまう。交戦したものの、呂布は撤退してそのまま濮陽に入城してしまった。そのあと、事件は起きた。呂布の部下が、降伏をよそおって夏侯惇をだまし、かれを捕えて人質として、財宝を出せと脅迫する事態となった。

夏侯惇の部下たちは、どうしていいかわからず動揺し、ふるえあがる者もいた。

このとき、夏侯惇の信頼する部将に、韓浩がいた。かれは諸兵を召集し、全員に武装を解かせながら、各々の部署につけると、決して動いてはならない、と厳命した。

すべての責任は韓浩がとってくれる、と思ったのだろう、軍営はようやく落ちつきをとり戻した。それをたしかめたうえで韓浩は、夏侯惇のいる場所に赴き、上司である夏侯惇を人質にとっていた者共へ、どなり声をはりあげた。

「おまえたち極悪人ども、よく聞け。大胆にも大将軍（夏侯惇）を捕え、脅迫しておきながら、まさか生きのびられるなどと、思ってはいまいな。われわれは、曹操さまの命令で賊を討伐するために来ているのだ。どうして大将軍とはいえ、一将軍のために、お前たちを見逃すことがあろうか」

そういい、次には夏侯惇にむかって、

「――閣下、国法でございます」

と涙ながらにのべて、すぐさま将兵を呼び寄せ、呂布の部下たちに撃ちかからせた。

すると敵は、思わぬ展開にあわてふためき、自分たちの頭を地面に叩きつけて、

「われわれは、ただ、必要な品物をちょうだいしたかっただけで……」

といい訳をした。

韓浩はバカ者、と叱責したうえで、ことごとく呂布の部下を斬り捨てた。

夏侯惇は助かったものの、まきぞえをくって、あるいは反発した賊に、最初に撃ち殺されていてもおかしくはなかった。普通なら、どれほど優れた部下であっても、大将軍たる夏侯惇は、韓浩にふくむものがあってしかるべきであったろう。

だが、夏侯惇は根にもつこともなく、お前は当然のことをしただけだ、と韓浩を支持し、その信頼を変えることはなかった。同様に、あとで報告を聞いた曹操も、〝最高の家臣〟夏侯惇であっても、その生命《いのち》が的にされたと知ってなおかつ、韓浩に、

「その方の処置は、正しかった。万世の法律にすべきであろう」

とまで激賛している。

さらに曹操は、夏侯惇、韓浩の二人の目の前でこれを法令に記させた。

「今後、人質をとる者が出た場合、すべて人質になった者も人質をとった者も、両方ともに撃ってよし。人質の安否を、顧慮してはならぬ」

韓浩の心中や、いかばかりであったろうか。筆者は若き日の曹操が傾倒した、橋玄のことを思い浮かべた。かれはわが子を人質にとった賊を、わが子もろともに成敗《せいばい》している。

曹操の法令はいきとどいたものであり、その後、曹操の身辺では、人質をとって脅迫する者はいなくなったという。

夏侯惇は曹操の呂布征伐のおりも、そのかたわらにあり、流れ矢にあたって左眼を負傷した。当時、いとこの夏侯淵も同じ将軍位であったため、曹操の軍では二人を区別するために、夏侯惇を〝盲夏侯〟とあだ名した。

このあだ名、当の本人はよほど嫌であったのだろう。人前では感情をみせなかったが、私生活にもどって鏡を見るたびに、夏侯惇はわが顔をみてムカッ腹が立ち鏡を地面にたたきつけたという。人間、生まれながらの性格はなかなか変えられるものではない。押え込もうとしても、ふいに頭をもたげてくるのが人情である。

夏侯惇はむりやり押え込もうとしたのではなく、よりどちらが大切か、との判断を、つねに前向きにしつづけたところに、かれの偉大さがあった。

プラス思考で考えることができれば、怒りは自然と笑いとなるものだ。

流れ矢にあたって負傷しても、自分は生きている、まだまだ活躍できるぞ、よかったよかった、である。現に、負傷のため戦線から外されても、夏侯惇は腐っていない。陳留《ちんりゅう》（現・河南省開封市付近）・済陰《さいいん》（現・山東省菏沢市）の太守となり、高安郷侯《こうあんきょうこう》に封ぜられると、今度は行政でもおもわぬ手腕を発揮し、活躍している。

## ◆夏侯惇の後半生

当時、大旱魃《かんばつ》と蝗《いなご》による害虫のため、その支配地がとんでもない状況におちいってしまった。夏侯惇は太壽《たいじゅ》の河（現・河南省商丘市付近にあった川）を堰《せ》き止め、堤《つつみ》を築くことを決断。自ら土を担いで働き、将校・士卒をひきいて稲を植える指導をもおこなった。

かれはどこへいっても、いかなる任務を与えられても、自分が曹操に気に入られている、との甘えを出すことなく、徹頭徹尾、だからこそ自らのやるべきことには誠実を求め、邁進した。それも恐ろしいまでに、前向きであった。

曹操と夏侯惇をみていると、人間の主体性（自分自身）について考えさせられる。人間の主体性は、間主体的な（間柄《あいだがら》的な）人間存在の中から生まれる、と筆者は大学の心理学の講義で学んだ。つまり孤立した個人ではない、親子・兄弟・夫婦・職場の上司・同僚・部下といった人間関係の中から、協調・競争・連帯・対立・愛憎・好悪といった刺激によって、無気力や無関心、無責任が消え、積極的な存在へ自らは生まれかわるもの。

したがって、なにか命令を受けなければ動けない。ただただ、柔順に従うというのは、本来、人間としてのあるべき姿ではない。

社会的に育《はぐく》まれる主体性、積極性を、上司が部下に身につけさせようと考えたならば、平素からその部下に、その能力や熟練度に相応した仕事を与え、しかもその仕事を通じて、部下に問題解決させるような議題・テーマを与えることが大切である。

——問題解決学習（problem solving study）である。

曹操は夏侯惇に、夏侯惇はその部下に、この学習を施した——部下が育たなければ、上司はより以上の大きな、難しい仕事には取り組めない。

一、組織においての上下同僚の人間関係を、平素から緊密なものにしておく。
二、心身のたるみや互いの寄りかかり、弛緩を警戒し、動きが常に機敏であるように、こころがける。
三、事前に起こるべき問題を想定し、全員で検討し、討議させる。そのうえで最善と最悪の対策を考え、さらに、最善、次善、三善の策を考究する。
四、組織内における責任者の順番・順位を、常日頃から決めておく。

曹操は夏侯惇を育て、夏侯惇は多くの国家運営者を育成した。

曹操が河北《かほく》を平定したおりも、夏侯惇はその後詰《ごづめ》をつとめ、鄴《ぎょう》（現・河北省鄲《たん》市臨漳《りんしょう》県）が陥落すると「伏波《ふくは》将軍」に昇進。それ以前から領していた土地はそのまま、夏侯惇は法令に拘束されず、自己の判断で適宜な処置のとれる権利を与えられる。

建安十二年（二〇七）には、合計二千五百戸（戸籍に登録された世帯数）の領地を拝領する身分となった。孫権征伐に随従したおりも、二十六軍の総司令官となり、曹操から楽人《がくじん》（楽器の演奏者）と歌妓《かぎ》（酒宴で歌い舞う芸妓）を賜与され、音楽をたのしむ特別の権利、待遇を与えられている。建安二十四年、曹操が摩陂《まひ》（現・河南省平頂山市《へいちょうざんし》）に陣を張ったさいには、夏侯惇は召されて同じ車に乗った。

曹操の寝室に、自由に出入りできたのは諸将のうち、ひとり夏侯惇だけであった。次代の曹丕が王位につくと、夏侯惇は大将軍に任命された。亡くなったのは、その数ヵ月後のことであった。

## ◆政府高官・張純の叛逆と孫堅、劉備

——話を、曹操の挙兵前後に戻そう。

後漢帝国は、パニックに陥っていた。内憂外患——朝廷内には董卓が出現したが、一方の帝国の外側も、とんでもない状態となっていた。

その実にわかりやすい例が、張純《ちょうじゅん》の謀叛であったろう。

事の発端は、〝三公〟の一、「司空《しくう》」の地位にあった張温《ちょうおん》が、宦官たちによって左遷された皇甫嵩《こうほすう》にかわり、車騎《しゃき》将軍となったことにあった。張温は改めて、東北の羌《きょう》族叛乱の討

伐を命じられ、その途次、改めて「太尉」に任命される。

この後漢帝国における軍事宰相の地位は、相次ぐ「外戚」の進出＝兵馬の権を、その都度「大将軍」に奪われてから、行政上の名目、つまり、飾り物の位になりさがっていた。このときの張温も、幽州・烏桓《うがん》（現在の内モンゴル自治区にあった民族）の〝突騎〟——東北の精鋭とはいえ、兵力わずかに三千を率いて、羌族征伐の出陣を余儀なくされている。

それ以上に、朝廷内にあって、将兵を動かした実績のない張温には、戦闘の指揮そのものができない。急ぎ、実際上の司令官を任命せねばならなかったが、人事は黄巾の乱以来、麻痺《まひ》していたといってよい。適材適所に人物を選ぶことが、すでにできなくなっていた。

「ぜひ、私にご下命を……」

もと中山《ちゅうざん》国の〝相〟（二千石）の張純が、同族の誼《よしみ》もあって志願してきた。

が、張温は張純に武功をあげられることを恐れたのか、より位の低い涿《たく》県の県令（千石）・公孫瓚《こうそんさん》を司令官に任ずる。かれはすでに一度、名前が出ている。字を伯珪《はくけい》といい、遼《りょう》西《せい》郡令支《れいし》県の人である。盧植《ろしょく》の門に学んだ。

張温のやりかたに不満を抱いた張純は、以前に泰山《たいざん》郡（現・山東省泰安《たいあん》市周辺）の太守をしていた友人の張挙《ちょうきょ》と語らい、あろうことか烏桓族の首長・丘力居《きゅうりききょ》と同盟して、北京一帯を席捲し、これを占拠した。帝国の箍《たが》は、ここまでゆるみきっていたわけだ。

しかもその兵力は、またたく間に十余万に及ぶ。

かれらは黄巾賊の残党や、政府に対する不平・不満分子をも巻き込み、遼西郡《りょうせいぐん》の肥如《ひじょ》（現・河北省秦皇島市《しんこうとうし》）に拠点を構築すると、こともあろうに張純は「弥天将軍《びてんしょうぐん》」を自ら名乗り、張挙を担いでかれに「天子」を私称させ、近隣の州・郡に〝漢討滅〟の檄《げき》を飛ばすありさま。多分、政府の高官（二千石クラス）が公然と帝国に叛旗を翻《ひるがえ》したのは、これがはじめてではあるまいか。

騎都尉《きとい》（光祿勲に属する近衛騎兵隊長）に昇進した公孫瓚が、この討伐に向かったものの、戦いは膠着状態となり、その後、張純は部下の手によって殺害された。征伐を恐れた残党は、張純の首を張挙・張純の乱を平定するため、幽州の牧《ぼく》に任ぜられた劉虞《りゅうぐ》のもとに持参した（この人物は、のちに曹操と因縁を持つ）。

ついでながら、羅貫中《らかんちゅう》の『三国志演義』では、この叛乱のおり、代州《だい》の劉恢《りゅうかい》から推薦状をもらい、劉虞のもとで「都尉《とい》」として活躍したのが、若き日の劉備《りゅうび》であったと述べている。

劉備は黄巾の乱に、関羽《かんう》や張飛《ちょうひ》らとともに参加し、校尉《こうい》（守備隊長）・鄒靖《すうせい》のもとで活躍。乱の平定後は中山国《ちゅうざん》安熹県《あんき》（現・河北省定州市《ていしゅうし》）の「尉」となったものの、督郵《とくゆう》（監察官）を辱《はずか》しめた罪により逃亡、行方をくらませていた。

劉虞は劉備の功を朝廷に奏上し、かつての罪はここで帳消しとなって許された、というのだが、信頼のおける陳寿《ちんじゅ》の『三国志』には、このくだりは一切出ていない。劉恢という人名は登場するものの、時代がそもそも合わず、史実とは言い難かった。

もっとも、劉備が諸国を流浪していたのは、確かであったろう。

ところで、張純の叛乱を平定した公孫瓚は、そのまま幽州に割拠する。すでに、群雄の時代となっていたわけだ。この公孫瓚のもとで、平原国の〝相〟に任じられたのが、青天白日の身となった劉備だったという。公孫瓚は自らが県令をつとめた誼《よしみ》で、涿《たく》県出身の劉備をスカウトしたのであろう（二人は涿県にあった盧植の塾で、同門関係でもあった）。

すでにみたように、中平五年、新設八軍団「西園八校尉」が設けられ、その司令官の中に曹操と袁紹が任ぜられていた。

◆劉備肖像画『絵本通俗三国志』より

この頃、呉郡富春《ふしゅん》（現・浙江《せっこう》省杭州《こうしゅう》市）の人、孫堅《そんけん》（字《あざな》は文台《ぶんだい》 孫策《そんさく》・孫権《そんけん》の父）は幾つかの県の丞を歴任し、黄巾の乱討伐で活躍。別郡《べつぐん》（別部《ぶ》）司馬《しば》（大将軍の属官で首都守備の五部隊以外を統率）に任ぜられ、さらに長沙《ちょうさ》（現・湖南省長沙市）の太守となり、叛乱を起こした賊を征伐し、江《こう》夏《か》一帯を平定。烏程侯《うていこう》となっていた。

してみると、曹操・孫堅の二千石の高官に比べ、のちの三国鼎立の一方の雄・劉備は五百石と出遅れていたことが知れる。スタートでの出遅れは、いかんとも成し難いということだが、同じことは同格であったはずの、袁紹と曹操にも当て嵌《は》まった。

## ◆十七諸侯、決起す

初平元年（一九〇）春正月（陰暦）、天下の関所として名高い函谷関《かんこくかん》（現・河南省洛陽《らくよう》市新安《しんあん》県）以東の州郡——すなわち〝関東〟の諸侯が、いっせいに董卓討伐の軍を起こした。

決起の首謀者は、袁紹とされている。かれは先に董卓から勃海《ぼっかい》の太守に任ぜられており、その地位をもって三万の兵を集め、そのまま反董卓連合軍の盟主におさまった。

同様に董卓から〝後将軍〟の称号を得た袁術（字は公路《こうろ》）は、この肩書きを使い、南陽の太守をつとめていた地の利を生かして、かの地において挙兵。袁紹に並ぶ兵力を集めた。

関東諸侯は十七名を数えたというが、後世に名が残ったのは曹操・袁紹・袁術の三人をのぞくと、八名ほど。次の通りである。

冀《き》州の牧である韓馥《かんふく》（字を文節《ぶんせつ》・潁川《えいせん》の人）、豫州の刺史・孔伷《こうちゅう》（字を公緒《こうしょ》・陳留の人）、兗《えん》州の刺史・劉岱《りゅうたい》（劉繇《りゅうよう》の兄）、河内《かだい》郡太守の王匡《おうきょう》（字を公節《こうせつ》・泰山《たいざん》の人）、東郡（現・河北省）太守の橋瑁《きょうぼう》（字を元偉《げんい》・橋玄の一族・以前に兗州の刺史をつとめた）、山陽郡太守の袁遺《えんい》（字は伯業《はくぎょう》・袁紹の従兄・長安の令をつとめた）、陳留郡太守の張邈《ちょうばく》（かつての袁紹や曹操の不良仲間、詳細は後述）、済北《せいほく》の相の鮑信《ほうしん》(少帝の治世に、騎都尉《きとい》をつとめる)。

考えてみれば、袁紹・袁術の挙兵は、董卓が袁氏の世に広い潜在的な威望をおそれての処置が幸いしたようなものであったが、この〝幸〟は曹操には及ばなかった。

もし、曹操が袁紹・袁術と同様に、董卓から任ぜられた驍騎校尉《ぎょうきこうい》を受けていたとしても、その指揮する兵は帝国の内側＝洛陽にあり、つまりは董卓の手中にあったことになる。これでは兵力を外側から、自由に動かすことはできない。

かといって、曹操が宦官派の報復を警戒して、就任しなかった東郡太守＝橋瑁の地位にあったとすれば、どうであったろう。かれにも数万人の兵力は集められたであろうが、その前に宦官たちによって暗殺された可能性も低くはなかった。

ここはむしろ、自力で五千の兵力を集め、本格的な独立のスタートをきった曹操の行動を、壮挙とみなすべきであろう。が、かれはその〝自力〟ゆえに、実に多難、逆境の洗礼を受けることとなる。せめてもう少し、準備期間があれば……。

この思いは、独立を決断したすべてのものが抱く、感慨《かんがい》かもしれない。

——実は、この諸侯の決起について、一つの疑惑があった。

曹操が悔むのは無理もなく、この挙兵は唐突に、しかけられたというのだ。

しかも仕掛人が、袁紹とは別にいた、と『英雄記』(王粲《おうさん》ほか編)はいう。

そもそもは東郡の太守・橋瑁が、都の〝三公〟より回付されてきた公文書を偽造し、そ

れを州郡の長官たちへまわしたのが起こりだというのだ。かれは董卓の罪悪を書き並べ、

「われわれ〝三公〟は追いつめられているが、自力で助かる方法がない。帝国の災難を解き放ってくれるなら、義兵を待ち望んでいる」

と話を創った。

それを手にした諸侯の中で、複雑な反応をしたのが冀州の牧の韓馥であった。

この地がかって、黄巾の乱の本拠地であったから、かれは動揺したのではなかった。この時、韓馥は董卓から、袁紹を見はるように、との密命をうけていたのだ。具体的には、勃海郡太守となった袁紹のもとへ、従事を送り込んでいたのである。

従事は郡を事実上、動かしている実務の責任者たちで、別駕《べつが》（刺史の巡察に随行する官僚）・簿曹《ぼそう》（財務管理の官僚）・兵曹《へいそう》（兵事をつかさどる官僚）などにわかれていた。各々、百石取りである。

この頃、衆目の一致するところ、挙兵して一番力を発揮するのは袁紹だ、と思われていた。だからこそ、その動きを封じるために、従事に息のかかった者を潜り込ませたのだが、董卓弾劾の〝三公〟による公文書は、すでに天下にばらまかれている。

「どうするべきか……。董卓にこのままつくべきか、それとも袁紹に鞍替えするか」

韓馥は思い悩んで、部下の従事たちに相談した。すると、治《ち》中従事《ちゅうじゅうじ》（州の人事担当官）の劉子恵《りゅうしけい》が、

「閣下、兵をあげるのは帝国のためです。どちらがどうだ、といわれるのですか」

韓馥はもっともだ、と思い、自らの心中を恥じたという。

劉子恵はそれをみとどけて、ただし、と一つの助言をする。

「——いずれにしても挙兵、戦《いくさ》は不吉な事です。閣下が口火を切ってはなりませぬ。まずは人をやってほかの州郡の動きを見守らせ、行動を起す者がいれば、そのあとから同調するのがよろしいかと思われます」

トップにならず、その次につけろ、というわけだ。

## ◆洛陽に迫った連合軍の実態

なるほど、と韓馥は思ったのだろう。袁紹に書簡を送り、挙兵のトップを切るようにしむけた、というのだ。

おそらく、韓馥が派遣していた従事たちにも、戦《いくさ》準備を急がせたにちがいない。

ついでながら、韓馥はその後、連合軍の中で袁紹につぐナンバーツーの位置につき得たが、残念ながら袁紹と対立し、挙句に冀州を取られ、挙兵した十七諸侯の一人・陳留郡の太守・張邈《ちょうばく》を頼って亡命。身をよせることになるが、その後をさらに追えば、袁紹の報復を恐れて自殺していた（『魏書』）。

翌二月、十七諸侯による連合軍が、洛陽をめざしていることを知った董卓は、己れの勢力圏で迎え討つのが得策と考えた。かれは長安の西方の居城・郿《び》に堅固な城砦を築くと、ここへ三年分もの兵糧を蓄える。そして、反対する朝廷の臣はことごとく罷免し、遷都を決行した。

このとき、董卓が口にした言葉が、

「事成らば天下に雄拠し、成らずばこれを守りて老を畢《お》うるに足《た》る」（『魏書』）

うまくいけば天下をわが手中にし、さもなくば蓄えを守って生涯を安楽に暮らすだけだ、といった意味だが、これはあながち大言壮語とはいえなかった。

董卓自身はそのまま洛陽に駐屯して、宮殿を焼き払った。

このおり連合軍は、袁紹と王匡《おうきょう》が河内《かない》（河南省武陟《ぶちょく》県西南）に布陣。張邈・劉岱・橋瑁・袁遺は酸棗《さんそう》（現・河南省延津県西南）に、袁術は南陽に、孔伷は潁川に、韓馥は鄴《ぎょう》に、各々西方を除いて、ぐるりと、洛陽を取り囲む形勢で布陣した。

にも関わらず、諸侯は誰一人、先頭をきって進軍しようとはしない。

互いの動きを、牽制していたのである。なぜか。もし、洛陽へ突っ込んで、董卓に敗れた場合、そのダメージがほかの諸侯を幸いする可能性があった。己れの勢力圏をおかされかねない、と諸侯は互いの腹のうちをさぐりあっていたわけだ。

——このとき、その非を堂々と鳴らしたのが曹操であった。

「正義の軍を起こして暴乱をこらしめるため、すでにこれだけの大兵力が勢揃いしている。なのになぜ、諸侯は出撃をためらうのか。今、董卓は宮殿を焼きはらい、むりやり天子を移そうとしている。一度の戦いで天下は定まる。この機を逸《のが》してはなるまい」

曹操は心底、くやしかったのである。

洛陽に住んでいた人々も、長安への移住を強制された。董卓は洛陽の宮殿を焼き、朝廷、人家ことごとくに火を放った。そのため、二百里（約八十三キロメートル）四方が焼け野原となり、ついには都に犬一匹いなくなったという。

住んでいたところを焼かれ、むりやり長安を目指すことを強要された人々は、その途次に飢えや病いに倒れ、道には死体が累累《るいるい》と放置されていく。さらに野盗が出没し、女子供、老人といった、自分たちより弱い者を襲い、身ぐるみを剝いでいった。

国家とはなにか、そこにくらす人々の生活を守り、安寧《あんねい》を保障するものではなかったのか。いまや後漢帝国は、その使命を全《まっと》うできず、それを糺《ただ》すべく集った諸侯は、互いの私利私欲から、都に迫りながらも動こうとはしない。

のちに曹操は、「薤露行《かいろこう》」と題する詩＝「薤露」（貴人の葬儀に歌うもの・挽歌《ばんか》）を詠んでいる。後世、「漢末の実録」とか「詩史」と称された、後漢帝国葬送の曲といってよい。曹操の〝心〟の痛みが、これほどあざやかに表現されているものもあるまい。

## ◆「薤露行《かいろこう》」の真情と曹操の突撃

かれは詩中で、帝国を葬った人々の名をあげることもせぬほどに、怒りをたぎらせていた（以下、筆者読みくだす）。

漢の二十二世を惟《おも》うに
任ずる所誠《まこと》に良からず
猴《さる》が沐《ゆあみ》し而《しか》して冠帯《かんたい》す
知は小さくして謀《はかりごと》は強し
猶予《ゆうよ》して敢《あ》えて断ぜず
因《よ》りて君王を狩執《しゅしゅう》す
白虹《はっこう》為に日を貫《つらぬ》き
己《おの》が亦《また》先んじて殃《わざわい》を受く
賊臣が国柄《こくへい》を持ち
主を殺して宇京《うけい》を滅ぼす
帝の基業《きぎょう》を蕩覆《とうふく》し

前漢の劉邦から、二十二世＝霊帝までを考えれば
朝廷に現われた何進《かしん》が、そもそもいけなかった
猿が入浴して冠をつけ、着飾ったようなものだ
あさはかなくせに、大それた野心をもっていた
宦官の皆殺しを企てながら、決心がつかない
愚図愚図《ぐずぐず》している間に、少帝が宦官に拉致される
白い虹が日を徹して中天を貫く＝不吉な空が出現した
何進は宦官を殺《や》る前にやられてしまった
かわって賊臣董卓が国権を握る
少帝を毒殺して、広大な洛陽の都を消滅させた
帝国の礎はふわりと傾き転覆し

宗廟を以《もっ》て燔喪《はんそう》す
播越《はえつ》して西に遷移し
号泣し而《しか》して且《ま》た行く
彼の洛城の郭城を瞻《み》れば
微子《びし》は哀傷《あいしょう》を為す

宗廟も焼かれて失われた
流浪の民は、西方の長安へ移りのがれる
泣き叫びながら、足をひきずりながら、むかう
かの洛陽の城郭に目をやれば
微力な私の胸は、張り裂けそうだ

董卓が狼藉蛮行《ろうぜきばんこう》をおこなっているなかで、諸侯はなお動こうとはしなかった。あるいは劉子恵がいったように、合戦の口火を切ることに躊躇《ためら》いがあったのかもしれない。いずれにせよかれらは、互いを牽制《けんせい》しつつ、攻撃に移ろうとしなかった。

「ならば、いたしかたなし——」

曹操は自ら兵五千をもって、成皋《せいこう》（現・河南省鞏義《きょうぎ》市）を拠点とすべく出陣した。途中、滎陽《けいよう》（現・河南省滎陽市）の汴水《べんすい》（現在の江蘇省で泗水《しすい》にそそぐ運河）まで来たときであった。酸棗《さんそう》（現・河南省新郷《しんごう》市延津《えんしん》県の西南）を攻めるべくやってきた董卓の大将・徐栄の大軍とぶつかってしまう。兵力が隔絶していた。曹操は多勢に無勢、負け戦となる。同志ともいうべき衛茲《えいじ》も、戦死。曹操自身も流れ矢にあたり、馬を失ってしまう。このとき、従弟の曹洪《そうこう》（字を子廉《しれん》）が自らの乗馬「白鵠《はっこく》」を譲った。

曹操はこれを潔しとせず、乗馬をことわったのだが、曹洪はいう。

「天下に洪なかる可《べ》くも、君なかる可からず」（『魏書』）

私がいなくても天下はこまらないが、あなたは天下になくてはならない人ではないですか、というのだ。雰囲気として曹洪も、曹操や前述の夏侯惇と同じように、〝俠〟に遊んだことがある人物のように思えてならない。

むりやり名馬――疾駆すると風の音が耳に鳴るほどで、馬脚が地面を踏んでいないように思える、かろやかな走りをする馬――の手綱《たづな》を曹操にわたすと、曹洪は徒歩《かち》となってそのまま曹操の供をした。

譙《しょう》へ逃げのびようと、汴水《べんすい》のほとりまできたものの、水かさが深すぎてとても渡れない。しかし、曹洪は嘆いたりしなかった。かれは岸辺をめぐり歩いて、船を手に入れると、曹操を向う岸に渡している。

曹洪は、一敗地に塗《まみ》れた曹操の再起＝兵を集める作業に没頭した。

やがて曹操が登り坂を駆けあがるにしたがい、曹洪も鷹揚《ようよう》校尉―揚武中郎将―諫議大夫《かんぎたいふ》の官位を授与されていく。

曹洪は夏侯惇と同じく、前線の指揮官として卓越した能力をもっていた。厲鋒《れいほう》将軍に昇進。国明《こくめい》亭侯に封じられ、都護将軍に任命されている。

魏建国の功労者として、輝かしい経歴であった曹洪が、どうしたわけか次の文帝（曹丕）の時代には、きらわれてむりやり獄に下され、あろうことか殺されそうになっている。人の一生は難しい。

## ◆曹洪の忠誠と曹操の良妻

なんでも、文帝が若いころ、曹洪に借財（百疋《ぴき》の絹）を申し込んだが、ことわられ、そのことを文帝が根にもちつづけていたという。卞《べん》太后（曹操の妻）のおかげで、どうにか死はまぬがれたものの、曹洪は官職を免じられ、爵位をおとされて、領地も削られるという不遇を託《かこ》った。それでもかれは、めげたりしない。

おもしろいのは、釈放されたときの謝罪の上書である。

「私は若いころから、道理にしたがわず、いわば間違って人間の仲間に入ったようなもので、長い間、分不相応な職務をわがものとしながら、どういうわけか武帝（曹操）にはお目こぼしをいただいてしまいました。なに私は、生れつき身のほどのわきまえがつかず、知足するという分別もないまま、それこそ山犬や狼のように貪婪《どんらん》な質《たち》で、老いてますます強欲になったように思います。（中略）

私のおかした罪は三千近くになるのに、処刑されずに天恩をこうむったのはまことにかたじけない。本来なら自分で首をくくって始末をつけなければならないのに、それもできないので、宮門を拝し、ささげ文を奉って真情を陳《の》ぶる次第です」

さて、曹洪はどのような顔をしながら、この文章を書いたのだろうか。筆者はこの人物に、〝俠〟の匂いを強く感じるのだが。

もっとも、明帝（曹丕の長男・曹叡《そうえい》）がつづいて即位すると、曹洪は返り咲く。ふたたび後将軍の官位が与えられ、楽城侯に。さらには特進の位（〝三公〟に次ぐ待遇）を附与され、驃騎《ひょうき》将軍に任命された。太和六年（二三二）にかれは逝去しているが、晩年は幸福であった。一族もその後、大いに栄えている。

ついでながら、曹洪の窮境を救った曹操の妻＝文帝の母・卞《べん》太后についてもふれておきたい。彼女ほど、曹操にふさわしい女性は思い浮かばない。

夫の曹操が突然、洛陽から姿を消したおり、ほどなく袁術からその留守家族に、

「曹操は死んだぞ」

との知らせが届いたことがあった。曹操の逐電《ちくでん》が急で、情報が錯綜していたのだろう。こういう局面があったとしても、おかしくはなかった。

曹操の側《そば》近くに仕えていた者の中には、それを聞いてしかたなく、故郷へ帰ろうとする者が出る。この時であった。

「主人の吉凶は、まだ明らかではありません。もし今日、故郷《くに》へ帰って、明日、主人が生存していることが知れたなら、皆、合わせる顔がありませんよ。万一、避けることのできない災禍が起きたならば、一緒に死ぬのに何のさしさわりがありますか」

毅然と言い放ったのが、のちに武宣卞《ぶせんべん》皇后と呼ばれる卞后であった。

彼女は延熹三年（一六〇）十二月の生まれというから、夫・曹操より五歳年下となる。夫における妻の役割は大きい。『三国志』は国家が衰亡するか興隆するかは、常に后妃にかかっている、と述べているが、現代社会においてもこの原則は変わらない。

卞皇后は琅琊《ろうや》郡開陽《かいよう》県（現・山東省臨沂《りんぎ》市）の人で、のちに曹丕（文帝）の母となる。二十歳のとき、譙《しょう》にひきこもっていた曹操に見初《みそ》められた。歌妓であったというが、本物の生きた教養にめぐまれた、実に得がたい立派な女性《ひと》であった。

実はこのとき、曹操には引き込ったままの前妻がいた。正室の丁夫人であり、彼女は劉夫人――丁夫人以前からの側室であろうか、すでにこの世を去っていた――の忘れ形見・曹昂《そうこう》（字《あざな》を子脩《ししゅう》）をひきとり、実の子のように育てていた。

ところが、父の曹操を助けて曹昂が戦死したことから（後述）、二人の夫婦仲はこじれ、ついには収拾不可能な状態になってしまう。二人は今でいう別居生活をして、たまさか曹操がたずねて来ても、丁夫人は機《はた》を織っている手をやすめようとはしなかった。

曹操がふりむきもしない妻の背を、背後からさすりながら、

「こちらを向きなさい。いっしょに車で帰ろう」

と和解をかけても、彼女は一顧もせず、言葉も発しなかった。曹操はあきらめた様子で、あとずさりして戸の外に立つと、もう一度、

「まだ子脩のことを、許してくれないのかね」

と問うたが、答えはなかった。

二人は離縁する。卞后は後妻に直ったが、それ以前、丁夫人は卞后をまともに扱わなかった。が、卞后はよほどできた女性であったようだ。これまでの仕打ちを怨むこともなく、二人が別れてのちも、曹操の留守をみはからっては、丁夫人に四季折々の贈りものをかかさず、彼女をなぐさめるため、こっそり食事に招待したりした。

丁夫人は曹操にうらみはあっても、卞后その女《ひと》にはそれをもたなかった。

食事をするおりには、卞后は丁夫人を上座につかせ、自らは下座に坐って、送り迎えも昔とかわるところがなかったという。

## ◆夫を内側から支えた卞后

卞后は一方で倹約家であり、華美を好まず、刺繍のついた衣服や珠玉を所有することもなかった。器物もすべて、黒い漆塗りのみを用いたという。

曹操の苦しかった時代を、共にすごしたから、倹約家にならざるを得なかったのかもしれない。まさに、〝糟糠《そうこう》の妻〟（貧苦をともにした妻）であった。

あるとき夫の曹操が、耳飾りを幾つか並べ、どれがいいか、と選ばせると、この妻は中級の品を選んだ。夫にそのわけを尋ねられると、卞后はいう。

「上等の品物を選ぶと、欲が深いと受けとられますし、下級の品物を選べば、わざとらしいと受けとられます。それゆえ、中級の品を選びました」

卞后は自らの実家に対しても、厳しく倹約を強《し》い、曹操や息子の曹丕からの恩恵にあずかってはならない、とくり返しいましめた。

彼女の弟・卞秉《べんへい》が、曹丕に屋敷をたまわったおりも、完成祝いに里方の親族を招待したものの、彼女（このときは太后）は最低の料理のみをしつらえ、特別なごちそうは何一つ出さなかった。出たのは、野菜と粟《あわ》の御飯だけ。魚や肉はなかったという。

卞后は生涯、粗食であり、そのことを当然と考えていた。

自らの産んだ曹丕が、太子を拝命したおりも、長御《ちょうぎょ》（女官長）が喜びいさんで、

「倉の中のものをありったけ出して、太子にごほうびを賜りますように――」

というと、卞后は次のように返答した。

「なにをいっているのですか、（曹昂が戦死して）曹丕が年長であるがゆえに、後継者となれただけです。私はただ教育がなってないぞ、と主人からいわれる責任を、のがれられれば、それだけで幸せというもの。どうして、たいそうな贈り物など、あの子にする必要がありますか」

この妻は、腹を立てても顔色をかえず、喜んだときも決して節度を忘れなかった、とそ

の夫＝曹操がほめるほどの女性であった。

卞后は、夫の部下への目くばりにも遺漏《いろう》はなかった。曹洪《そうこう》が曹丕に疎《うと》んぜられ、殺されそうになったとき、これを諫言した如く、しかも、その心配りは細部に及んでいた。たとえば夫の遠征、練兵などに臨席したおりには、一兵卒の中に老年で白髪のものをみかけると、そのつど近づいて声をかけ、絹織物を下賜して涙をながし、その兵の父母に感謝したという。彼女は自らや身内には倹約を課しても、曹操の兵には決して吝嗇《りんしょく》なふるまいをしなかった。

——その卞后をしても、卒倒しそうになった、夫・曹操の敗戦である。

それにしても曹操のような、冷徹なリアリストが、あまりにも分別のない、感情をむき出しにした一戦をしたものだ。かれの長い戦歴の中で、のちの赤壁の戦いとともに、稀《まれ》にみる敗北といってよい。おそらく、この時の曹操の心情を、真に理解できたのは卞后や夏侯惇、曹洪など、ごく一部の人々だけであったにちがいない。

筆者はこの度の敗戦に、曹操のあせりを感じ取った。具体的には兵力の劣勢である。局面が動かなければ、かれの義軍五千は増えない。兵数こそが、連合軍の決定を左右するのは明らかであった。曹操が袁紹の兵力プラス人気をもっていれば、すでに諸侯も突撃に引き込まれたはずだ。だが、十七諸侯を説得するだけの〝力〟が、曹操にはなかった。

かれはそれを、喉から手を出すように欲した。局面が動けば、敵の兵力を吸収できる——それが出撃の主因であったろうが、結果は曹操の思惑通りにはいかなかった。

## ◆「諸君は北面せよ」

しかし、世上には〝慮外《りょがい》の利《り》〟というものがあった。

曹操のしぶとい抗戦は、勝った徐栄をして、酸棗への攻撃をためらわせることとなった。加えて、味方陣営の心あるものにとっては、董卓の軍勢に真正面から立ち向かったその勇気は、記憶されることになる。これは、思わぬ大きな財産となった。

曹操の時代からは遠い未来となる、日本の戦国時代において、〝天下無敵〟を標榜《ひょうぼう》された武田信玄の甲州軍団に、三方ヶ原で突っ込んで、大敗を喫した徳川家康は、半分の将兵を失いつつも、信玄に刃向った唯一の男として、その後の天下取りのおり、この実績が大いにものをいった。

それにしても曹操が、州の牧か郡の太守となっていたならば、兵力は一ケタ上であったろうに。そうであったならば、さぞかし……。逆にみれば、領土や兵を持たなかった＝大きな責任を負う立場になかったかれだからこそ、くだせた決断、緒戦であったともいえた。

が、その義兵はついえてしまった。やがて曹操は酸棗に戻ったものの、連合軍の諸侯は連日、酒盛りをしているだけで、一向に働く気配がない。曹操の立ち直りは速い。かれは改めての作戦を立案・企画・発表している。

袁紹に河内布陣の諸侯をしたがえ、孟津《もうしん》（現・河南省洛陽市孟津県）に進軍させる。酸棗の将たちは、成皋《せいこう》（現・河南省鞏《きょう》義《ぎ》市）の守りを固めて敖倉《ごうそう》を占拠する。轘轅《かんえん》・太谷《たいこく》の道を塞《ふさ》ぐことで、その険要の地を制圧するためである。

袁術には南陽駐屯の軍を率いて、丹・析《せき》の地に進み、武関（洛陽の南を守る関所）に侵攻して守りを固める。各々塁《とりで》（土で重ねて造った小城）を高くし、壁を厚く築いて、董卓からの誘いにはのらない。ときおり見せかけの兵をくり出させては、引きかえさせ、相手がこちらを無礼《なめ》てかかり、図に乗って攻勢をかけてきたところで、決戦して逆賊どもを打ち平《たいら》げれば、必勝は間違いない。

このまま、何もしないで諸侯が駐屯していたのでは、やがて天下の信望を失ってしまう。曹操の戦術は、様子見している諸侯の心中も配慮したものであった。内容も申し分ない。が、それでも諸侯は動かなかった。

作戦の決断は、常に同じである。内容を細々と分析されることはなく、要は誰が立案し、誰がリスクを負うのか、であった。曹操には失うものがない。兵すらなかった。しかし、諸侯はちがう。袁紹などは、全く別な作戦を考えていた。

董卓の意のままに操られている献帝を、その玉座から追うべく、連合軍ナンバーツーの韓馥《かんふく》と画策し、幽州の牧であった劉虞《りゅうぐ》を帝位につけようと画策していたのである。

曹操にも参画の打診があったようだが、かれは同意していない。

「われわれは、正義の旗を揚げて挙兵したのだ。だからこそ、広く呼応してくれる諸侯の大軍勢が集まった。にもかかわらず、天子をすげ替えたりしたら、それこそ天下の支持を失ってしまう」

大義名分を大切にする、というのが曹操の戦略眼であり、それこそが人心を掌握する最大の効用だ、とかれは信じて疑わなかった。

「諸君は北面せよ、我は自ら西に向かわん」

本来、〝北面の武士〟は南にむかって坐っている天子に仕えることをいったが、曹操はこの〝北面の武士〟をあてこすって、君たちは北方＝幽州＝董卓に仕えたらいいじゃないか、私は西方＝長安の献帝の方向をあくまでも向いていくから、といったことになる。

初平二年（一九一）正月、袁紹と韓馥は、劉虞擁立《ようりつ》のお膳立てをととのえたが、肝心かなめの劉虞自身の固辞により、この企ては水泡に帰す。

曹操は自ら率いる兵力を駆り集めるため、揚州に赴いた。四千人あまりの兵を得たが、龍亢《りょうこう》（現・安徽《あんき》省蚌埠《ほうふ》市懐遠《かいえん》県の北西）まで来たとき、その兵たちの叛乱に見舞われる。なんと夜中に、露営する曹操のテントに放火したものがいた。曹操自身も殺されそうになり、数十人を斬って、ようやく軍営を脱出することができたという。四千人のうち、叛乱に荷担しなかった兵は、わずか五百余人にすぎなかった。

人望を得ることの難しさ、大義名分による信頼の限界、なまみの人間を統御することの不可解さを、曹操はもののはずみとタイミングの連動性＝叛乱といった観点から、骨身に沁みて思い知ったにちがいなかった。

## ◆曹操の猛省

銍《ちつ》県（現・安徽省宿州《しゅくしゅう》市の西）、建平《けんぺい》（現・河南省亳《はく》県の北）にいたって、改めて千余人の兵を手に入れたが、曹操はこの自軍を心から信じられなかったのであろう。監視するように、叛乱を起こさせぬように配慮して、袁紹の河内《かない》の大陣営に入った。

まだ、兵力からして、独立を考えられるレベルではなかった、ということである。

失意の曹操は、部下に忠誠心を持たせるための工夫を、懸命に考えたであろうが、およそ次の項目となったかと思われる。

一、部下への指示は、一貫性をもってなされなければならない。
二、部下の能力・知性などを踏まえ、その使い方を誤用・乱用してはならない。
三、部下が各々、作戦上に必要とされていることを知らしめ、やる気をおこさせる工夫をしなければならない。
四、部下の前で、個人的見解、私見などを開示してはならない。

五、自軍が他者において不当に評価され、あるいは笑われたときは、すぐその場で反論・反撃しなければならない。

六、部下の面前で、自分の上司や他軍の指揮官の批判をしてはならない。

そういえば、曹操の『魏武帝註孫子』に「率善」（よくしたがわせる・帰順する）という言葉がでてくるが、もとの〝諸子百家〟の兵家では「率共」であった。後漢最後の献帝が「劉《りゅう》協《きょう》」であったことから、「協」と同じ音の「共」を曹操がさけたように思われる。

それにしても、この単語をメモしたときの、かれの心中はいかばかりであったろうか。

また、「戦《いくさ》を欲するのであれば地形（地理的条件）を頭に入れておけ」という曹操の加筆ではじまる、『孫子』の「地形篇」において、

「卒を視ること嬰児《えいじ》の如し、故にこそ深谿《しんけい》に赴《おもむ》くべし。卒を視ること愛子の如し、故にこれと倶《とも》に死すべし。厚くして使うこと能《あた》わず。愛して令すること能わず。乱れて治むること能わざれば、譬《たと》えば驕子《きょうし》の若《ごと》く、用うべからざるなり」（『孫子』・金谷《かなや》治《おさむ》訳注）

将が兵を率いていくのに、どうすればいいか。兵を赤んぼうのように見て、万事に気をつければよい。そうすると兵たちは、いっしょに深い谷底（危険な場所）にもついてくるようになる。兵をわが子同様にかわいがり、深い慈しみの心をもって接したならば、それによって兵は将と生死をともにすることができる。

しかし、と孫子はいう。ただ愛情をもって接すればいいかといえば、そうではない。難しい仕事をさせられず、かわいがるばかりで命令がくだせず、おかしなことをしても止められないのであれば、それは相手が驕《おご》り高ぶった子供のようになるだけで、これではものの役にはたたない。

この孫子の言に曹操は、

「専用可不、独任、可不」（その通りだ、どうにも使いものにならないやつはいるぞ）

と自告しているように、筆者にはうけとれたのだが、読者諸氏はいかがであろうか。

曹操は軍律の徹底を部下にも、自らにも強《し》いた。いくら非常時＝戦場であっても、否、非常時だからこそ、将兵には厳しい規律を守らさねばならない。そのためには何よりも、トップが他の誰にも増して、その模範を示さなければならなかった。

『曹瞞伝《そうまんでん》』に行軍中の将兵に対して、曹操が注意をうながす挿話が出ている。

「麦を荒らしてはならぬぞ。もし、違反したものは死罪とする」

いささか、デフォルメされているような気もするが、将兵はこのいいつけを厳守し、騎兵などは自ら馬を降りて、麦を体でかばいながら、そっと馬を通過させた。

ところが、肝心の曹操の馬が、何の拍子か麦畑のなかに飛び込んでしまった。

さて、かれはどうしたか。主簿《しゅぼ》（帳簿を受け持ち、庶務を統轄する官吏）に自らの罪の取り調べを命じ、困った主簿が『春秋左氏伝』を引いて、尊者には刑罰を加えないことになっております、と曹操の違反を不問に付そうとした。

すると曹操は首を横にふり、

「法令厳守を命じておきながら、私が違反したのでは示しがつかぬ。とはいえ、一軍の司令官が自決するわけにもいかない」

そういってかれは、刀を抜くと髪を切り落として、それをそっと地面に置いた。法の遵守《じゅんしゅ》にいかに厳格であるかを、曹操は身をもって将兵に示したわけだ。

## ◆基盤を確立した孫堅と曹操

初平二年二月、動かぬ反董卓連合軍の先陣をきって、ついに洛陽を目指して攻撃に出た諸侯がいた。長沙郡《ちょうさ》（現・湖南省長沙市）の太守・孫堅《そんけん》である。

汜水《しすい》（虎牢関《ころうかん》　現・河南省）に進出してきた董卓の部将・華雄《かゆう》の率いる〝涼州兵〟を相手に、孫堅はこれと一戦を交え、さらに洛陽に入城して、天下にその勇名を轟かせた。

ただし、創り話の『三国志演義』では、孫堅軍は形無《かたな》しに描かれている。華雄に苦戦し、敗走した挙げ句の果てに、関羽《かんう》に華雄の首級を挙げられ、いいところなしであった。が、史実の孫堅は、華雄の首を取って晒《さら》し首にしている。かれは三十六歳であった。

ところで、この孫堅の出自についてなのだが、正史の『三国志』では、呉郡富春《ふしゅん》県（現・

浙江《せっこう》省杭州《こうしゅう》市）の生まれで、

「もしかすると、春秋時代の兵家・孫子《そんし》（孫武《そんぶ》）の末裔かも知れない」

と、コメントしていた。家は県吏だったともいう。

地方の旧家ではあったが、本来、自前の軍勢を率いられるほどの名門ではなかった。にもかかわらず、孫堅が台頭できたのは、なぜか。血統ではなく、その豊かな経済力、つまり、富春江（現・浙江省の中部を流れる河）を下って、手広くおこなわれていた交易によるところが大であったようだ。

孫堅は十七歳のとき、父親と船で銭塘《せんとう》（現・浙江省杭州《こうしゅう》市）に出かけ、強奪した物品を分配している海賊を退治し、その名を知られたと記録にある。このあたり、日本中世に活躍した、平清盛を想わせる雰囲気があった。

この地は昔から水上交易の拠点であり、孫堅はおそらく、この地域の土着商人層の出身で、一族は最大規模の富豪だったのかも知れない。かれは〝士〟としての教養を身につけ、ほどなく郡の仮の尉《い》（軍事権をもつ将校）に採用され、許昌《きょしょう》の〝陽明皇帝〟私称の叛乱に、率先して義勇軍を募り、出陣するや大いに軍功を挙げている。

このくだりも曹操同様に、実家や一族の財力が背景にあったとみれば、きわめて理解し易い。叛乱軍鎮圧後は、塩瀆《えんとく》県（現・江蘇《こうそ》省塩城市）の「丞《じょう》」（郡の副官）となり、盱眙《くい》県（現・同省盱眙県）・下邳《かひ》県（現・同省睢寧《すいねい》県の西北）などでも「丞」を歴任した。

のち、長沙《ちょうさ》（現・湖南省長沙市）の太守となっている。

こうして孫堅は、傾く後漢帝国の官僚を経験しつつ、それぞれの地域における実力者をその影響下にしたがえていった。観点をかえれば、のちの三国鼎立の一《いっ》・呉を形成する孫氏の基盤は、江南の豪族連合によって支えられていた、といえようか。

四月、敗れた董卓は長安へ敗走する。

すると諸侯の連合軍は、自分たちの思惑、私利私欲のために分裂内訌（うちわもめ）をはじめた。一見、良好に思われた袁紹と韓馥の仲は決裂し、袁紹は韓馥の冀州《きしゅう》を奪取する。劉岱《りゅうたい》と橋瑁《きょうぼう》も諍《いさか》い、橋瑁は殺されてしまう。袁紹と袁術も決裂となり、一方の袁紹は劉表と結び、袁術は公孫瓚と連合——袁術は洛陽一番乗りで名を馳せた、孫堅を劉表に差し向けた。が、孫堅は流れ矢にあたって不慮の戦死を遂げてしまう。

歴史は常に、偶発が連鎖した。橋瑁に代って兗州の東郡（現・河北省）の太守となった王《おう》肱《こう》は、混乱につけ込んで攻めてきた黒山《こくざん》の黄巾軍を防ぎきれず、窮地へ。そこに駆けつけたのが、曹操であった。かれは濮陽《ぼくよう》（現・河北省濮陽市南）において、賊将・白繞《はくじょう》を破り、袁紹はこの軍功をもって、曹操を東郡太守に任命した（武陽《ぶよう》に政庁を置く）。

——ようやく曹操は、世に立つ地盤を得たことになる。

# 第四章

# 成就

## ◆曹操を群雄の覇者とした男

世上は、諸侯が噛み合う乱戦状況となり、このタイム・ラグを利用して、曹操は兵力の増強に励んだ。狙うは黒山の黄巾軍である。

頓丘《とんきゅう》に陣をしいた曹操に対して、賊将・于毒《うどく》は政庁・武陽を襲撃する。しかし曹操は兵をかえさず、そのまま黒山へ。これこそが、『孫子』の兵法であった。

「賊はわが軍が本拠を突くと知れば、引きかえしてくる。武陽の危機は脱する」

黒山軍をやぶり、南匈奴《きょうど》の兵をしりぞけ、曹操は必死に自軍を大きくすることに専念する。その間――初平三年四月には、長安で董卓が呂布の手によって殺害され、それを受けて出陣中の董卓の部将・李傕《りかく》と郭汜《かくし》が兵を長安に戻したことから、朝廷そのものが内戦状態となった。〝三日天下〟ではないが、呂布も東へ逃亡するにいたる。

内憂外患――青州の黄巾百万の軍勢が、ついに兗州へ進攻を開始した。任城《にんじょう》国の〝相〟鄭遂《ていすい》を殺し、かれらは方向を転じて東平（現・山東省東平県一帯）へ攻めかかる。

この報に接した兗州刺史の劉岱《りゅうたい》は、橋瑁の兵を吸収したこともあり、済北の〝相〟鮑信《ほうしん》の止めるのをふりきって決戦を挑み、敗死する。ところにいたって、鮑信は曹操を兗州の牧に推戴《すいたい》する。曹操は寿張《じゅちょう》（現・山東省泰安《たいあん》市）の東で黄巾軍を迎え討ち、この戦いの中で鮑信は戦死する。苦しい戦いであったが、ここが正念場であった。

これまで積み重ねてきたことが、より高次元で実現できるかどうかは、この一挙にかかっていたといってよい。おそらく曹操は『孫子』に知恵を借り、智謀のかぎりを尽して、考えうるありとあらゆる手を打ち、青州黄巾を分裂させ、取り込む工夫・工作をしたにちがいない。

あるいは賊軍の精鋭の選《よ》りすぐりを、特別優遇するとの密約を、敵側とかわしていた可能性も捨てきれない。のちに捕虜となった賊軍の中から、曹操は屈強な将兵を選び、「部曲」と称する私設軍団を創設して、自慢の「青州軍」と命名した。天下争奪戦の、主力の誕生である。

いずれにせよ、青州黄巾軍は曹操に降伏を申し出た。兵卒三十万余、人民老若男女あわせて百万余を曹操は得た。ここでかれは、後漢帝国後の未来を望み得る、群雄の仲間入りを果たすことができた、と同時に、抜きんでることとなる。

普通ならば、これだけの戦果を得れば、ここで有頂天となってしかるべきであろう。これまで散々、兵力の少なさに泣いてきたのだから。だが、ここで己れに満足してしまえば、こののちの魏の建国はなかったはずだ。

幕下に加わった毛玠《もうかい》（字を孝先《こうせん》）の進言に、曹操は耳をかたむけた。

毛玠は陳留《ちんりゅう》郡平丘《へいきゅう》県（現・河南省新郷市長垣《ちょうえん》県）の人。〝士〟であり、戦乱を避けて荊州を目指したが、刺史の劉表の人物そのものに疑問をもち、魯陽《ろよう》（現・河南省平頂山市魯山県《へいちょうざんしろざんけん》）へ。兗州に兵を進める過程で、曹操にまねかれ治中従事《ちちゅうじゅうじ》（州の人事担当官）となった。その毛玠はいう。

「現在、天下は分裂崩壊し、国の主《あるじ》（献帝）は都を離れて転々とされ、民草は働けずに飢饉にあって、逃亡流離しております。袁紹や劉表は大きな勢力をもっているとはいえ、将来を見とおす思慮に欠け、国家の根幹を築くこともしていません。そもそも戦いは道義のあるほうが勝利するもので、現状を維持するには財力が必要です。それ故《ゆえ》、よろしく天子を奉戴《ほうたい》し、それによって不実な臣下に号令し、農耕を大事にして、軍需物資を貯えるべきです。そうすれば、天下制覇の大事業も達成されるでしょう」

毛玠は、曹操を群雄の覇者とする二つの方策を語った。

天子を上に戴《いただ》き、天下に号令する大義名分をもつこと。そして屯田《とんでん》制を敷いて、財政上の基盤をすみやかに確立すること。この二つであった。

それにしても毛玠は、先見性、大局観のある人物で、『先賢行状《せんけんぎょうじょう》』にはかれがのびやかで公明正大な人であった、と述べられていた。なにより、清廉――官吏を選ぶに際しては、誠実な人物を抜擢し、表面のみを飾る者を排斥し、自らの行動を控えめにする人物を昇進させた。権力者にこびへつらうような輩《やから》は、決して上にはあげなかった。

民衆と接する行政官には、功績のめだたない者（仕事をしていない者）、個人の財産が豊かな者は、ことごとく免職停職処分とし、長期にわたって起用を差しひかえたという。

毛玠は功曹（郡吏の任免賞罰をつかさどる官）となり、曹操が後漢帝国の「司空」―「丞相」となるや、その補佐役である東曹の掾《えん》となった。が、かれは帰宅するとき、いつも汚れ疲れた顔にくたびれた衣服、そまつな車と三拍子が揃っていたという。

にもかかわらず、その姿をみた朝廷の〝士〟は、自分もあの方のような生き方をしよう、と毛玠にはげまされ、一方で高官・寵臣も規定を越えた車馬衣服の贅沢を、毛玠の前でする勇気をもつ者はいなくなった。曹丕（文帝）の代に右軍師《ゆうぐんし》に昇進、魏が建国すると尚書僕《しょうしょぼく》射《や》（尚書省の次官）となった。

晩年、毛玠は自分と同様、曹操を覇者とした崔琰《さいえん》が自殺したのは、曹操の仕打ちだと、その不愉快さを政敵たちに知られるようふるまった。当然、曹操は腹を立て毛玠を逮捕投獄したが、かれの潔癖さはわが身を守り、弁護する支持者、〝士〟にもめぐまれ、毛玠は免職となったものの、自邸でなくなっている（後述）。

## ◆孔明を曹操の敵にしたもの

曹操はその死後、毛玠を失ったことを大いに悔い、反省し、息子の毛機《もうき》を治中に任命したが、さて、そのとき曹操はこの功臣のありがたみを、心から思い出しただろうか。

少し向きを変えてみる。曹操に敵対した諸葛孔明《しょかつこうめい》について――。

後漢の末期、動乱の中で曹操と提携し、やがて対立する劉備の身内にあって、関羽《かんう》・張《ちょう》飛《ひ》の出自が卑しかったのに比べ、孔明だけは明らかにちがっていた。

かれの父・珪《けい》（字《あざな》は君貢《くんこう》）は太山郡の丞（郡の副官）をつとめた地方貴族の出で、一説にはその先祖は前漢の司隷校尉《しれいこうい》（警視総監、のちには都知事の職掌も）諸葛豊《しょかつほう》ともいわれていた。光和四年（一八一）、琅邪《ろうや》郡（琅琊《ろうや》とも）陽都《ようと》（現・山東省臨沂《りんぎ》市沂水《ぎすい》県付近）に生まれた孔明は、三男二女（三男一女とする説もある）の二男であった。曹操とは二十六歳の、年のひらきがある。

兄の瑾《きん》（字は子瑜《しゆ》）は洛陽に遊学し、のちにその博学多才を認められ、呉《ご》に仕えて大将軍宛陵侯《えんりょうこう》となっていた。弟の均《きん》は、孔明とともに蜀に仕えて長水校尉《ちょうすいこうい》（長水営の胡騎を指揮する長官）となっている。姉の一人は〝名士〟として聞こえ、のちに曹操の魏《ぎ》に仕官して黄門《こうもん》吏部郎《りぶろう》となる龐山民《ほうさんみん》（徳公）に嫁いでいた。

後世に、「蜀はその龍を得、呉はその虎を得、魏はその狗《いぬ》を得た」という言葉が流布されたが、この場合の龍は孔明、虎は瑾、狗が孔明の従弟でのち魏の将軍となった諸葛誕《たん》（字は公休《こうきゅう》）を指した。三国ともに人材を送り出したところに、この一族の秀逸さと凄さをみることもできる。

孔明の活躍は『三国志演義』で喧伝されているが、かれの劉備と出会うまで――つまり無名時代については、意外と世上にはしられていなかった。

なかでも、幼くして父母を失くした孔明が、十四歳のおり弟をつれて、戦火の中、叔父・諸葛玄《げん》の任地＝揚州豫章《よしょう》郡の郡治（都）昌《しょう》（現・江西省南昌市）へ引き取られたこと、このおりに悲惨な体験をしたことは、存外、注目されていない。

しかも、これまでの多くの〝三国志もの〟が見落として来たのだが、この孔明のこうむった戦火の体験こそが、曹操による徐州の牧《ぼく》・陶謙《とうけん》を攻めたおりのものであった史実だ。

すなわち、孔明は十三、四歳にして、曹操に蹂躙《じゅうりん》された被害者であったことになる。

これは諸葛孔明という人物を考えるうえで、きわめて重要なポイントであったろう。孔明は無名時代から、曹操には私怨を抱いていた、といえなくもないのだから。

この頃、曹操は袁紹――劉表の側に属し、袁術――公孫瓚の側と戦っていた。初平四年（一九三）、曹操は鄄城《けんじょう》（現・山東省菏沢《かたく》市鄄城県の北）に駐屯し、劉表に兵站を断たれた袁術は陳留郡へ移動、封丘《ほうきゅう》（現・河南省新郷市封丘県南西）に陣を布いた。

かれは将・劉詳《りゅうしょう》を、匡亭《きょうてい》（現・河南省新郷市長垣県西南）に駐屯させる。曹操はこれを攻撃、かけつけた袁術をも大いに打ち破る。袁術は封丘を放棄して逃走し、曹操はそれをひたすら追い、夏になるとようやく引き返して定陶《ていとう》（現・山東省菏沢《かたく》市定陶県）に陣を布いた。このとき、徐州の牧・陶謙は、天子を私称する下邳《かひ》（現・江蘇省邳州《ひしゅう》市）の闕宣《けっせん》と手を結んで、泰山郡の華《か》と費《ひ》を奪い、任城（現・山東省済寧《さいねい》市）を攻略している。ここへ曹操は、自慢の「青州軍」を向けて、またたく間に十余城を陥落させた。

——この中に、孔明の故郷・徐州琅邪《ろうや》郡陽都（現・山東省臨沂《りんぎ》市）が含まれていたのである。曹操三十九歳、孔明が十三歳のときであった。

## ◆張邈は「臆病成《な》る大将」

当時、曹操の父・曹嵩《そうすう》は中央の政局から身をひき、譙《しょう》に戻っていたが、董卓の乱暴に際して、さらに徐州《じょしゅう》の琅邪《ろうや》に避難していた。徐州は戦乱の地からは遠く、そのため洛陽からも疎開する人が少なくなかった。

その曹嵩を、あろうことか徐州の牧・陶謙の部下が、金に目がくらみ、殺害してしまったのだ。ようやく己れの地盤を築くことができた曹操は、親や一族を迎えるべく百台を越す車を出し、途中の護衛を陶謙に依頼した。陶謙もそれを承諾したにもかかわらず、不届き者が曹嵩の所持した金品宝石などを奪い、一行を皆殺しにしてしまった。

曹操は人一倍気性の激しい人物で、一面では、父親をなにものにも代え難いものとして大切に思っていた。怒り心頭に発して、彼は報復のための軍を徐州にむけたわけだ。

十余郡を攻めつぶしても、それでも飽き足らずに曹操は、一度、食糧補給のために兗州へ引き返すと、翌興平《こうへい》元年（一九四）の夏、ふたたび来襲して五城を抜き、その軍勢はついに東海（黄海沿岸）にまで侵攻した。この間、通過する地方では略奪暴行が頻繁に繰り返され、多数の人民が無残にも虐殺されている。

「殺害された住民は数十万人、鶏一羽・犬の一匹も残らず、泗水《しすい》の流れはこのために止まってしまった」（『後漢書』「陶謙伝」）

とある。歴史的な大虐殺、といってよい。

孔明ら一族の居住する諸県にまで、直接の被害が及んだか、否かについては定かではない。だが、時を同じくして、孔明は叔父・諸葛玄にひきとられ、揚州豫章郡の南昌に赴くこととなる。

今日の感覚からみれば、人命をこれほど損ねた蛮行は、実に許し難いものがある。が、歴史は古代・中世において、城郭都市の人民を守れなかった将——この場合では陶謙に、その全責任が負わされていた。領主層の〝弱《じゃく》〟は、そのまま悪であった。

庶民の怒りは、自分たちを攻め殺した相手に向かわず、自分たちを守れなかった主《あるじ》にむけられるのが常識であった。

この常識は、攻めかかった曹操にもあてはまった。兗州をほぼカラにして徐州攻略にむかったかれは、万一の事を考え、妻や家のものに、

「もし、何かあれば、張邈のもとへ身を寄せるように」

と伝言を残していた。

ところが、その信頼していた張邈が、あろうことか陳宮（中牟《ちゅうぼう》の県令）と組んで、叛逆の

〝札付《ふだつき》〟呂布を迎え入れての謀叛に及んだ。呂布はあっさり、兗州の牧となる。それにしても、裏切りつねなく主君を替え、同盟の約をたがえてきた常習の呂布ならともかく、袁紹・曹操にとっては昔なじみの、不良仲間である張邈が敵対してこようとは。

第一回の徐州攻略で生還した曹操は、張邈と涙を流しながら喜び合っていたにもかかわらず、である。人は疑心暗鬼に陥ると、ときに周囲の予想を越えた行動に出るもののようだ。

まさに張邈は前にあげた、大将としての資格を欠いた四つのタイプのうちの、三つ目の「臆病成《な》る大将」であったようだ。

なにがなんでも、生命《いのち》が惜しい、との考えが常に底意にあり、身命を賭すという事が、そもそもできない。『甲陽軍鑑』風にいえば、心の中が愚痴だらけで、とにかく人をねたむ。このねたむというのは、真実のすぐれた価値を不当に引きおろそうとする態度で、馬鹿にするというのは、価値の低いものを引き上げる努力をせず、低いままに侮蔑する態度をいった。いずれも、将としては失格である。

こういう人間は、富めるものを好み、へつらうものを愛して、物事に詮索、分別がない。心にいつくしみ、やさしさがなく、視野がせまくて凝り固まっている。一言でいえば、道義的性格が弱すぎた。「弱過《すぎ》たる大将」でもあった。〝侠〟であっても、「おぼえておけよ」といいつつ逃走するタイプ。付和雷同されやすく、成りあがると金銭報酬をやたらとばらまきたがる。外聞を気にしすぎ、心の剛《つよ》さに欠けていた。軽佻浮薄《けいちょうふはく》ともいえる。

こうした「臆病成《な》る大将」のもとに集まる部下は、大々にして口先ばかりの達者な人間、言論活動は盛んで得意だが、いざ実践・実戦となると、実のともなわない見苦しい失敗・敗北を喫する者が多い。そのくせ、他人を馬鹿にする傾向が強かった。

この張邈の謀叛から、かろうじて鄄城・范《はん》（現・山東省済寧《さいねい》市梁山県西）・東阿《とうあ》（現・山東省聊城《りょうじょう》市東阿県）の三県を守り抜いたのが、荀彧《じゅんいく》と程昱《ていいく》であった。

## ◆「吾《われ》の子房《しぼう》なり」

曹操《そうそう》はこののち、本拠地の兗州《えん》に加え、冀州《き》・青州《せい》・幽州《ゆう》・并州《へい》を併合。中国大陸十三州のうちの五州までを占拠するにいたる。しかも、これらの地域は華北《かほく》――つまり、人口密度の高い都市が中心で、かれの覇権はこれらの地方を押えた段階で、半ば確立したといってもよかった。

しかし、その本拠地・兗州の大半を、呂布・張邈・陳宮らによって奪われてしまう。

この時、荀彧・程昱の奮闘がなければ、曹操は天下に覇権を確立するどころか、帰る場所を失い、またふり出しに戻るしかなかったろう。

それを救った人物は、それこそ曹操の恩人といってよい。

曹操に仕えた荀彧（字《あざな》は文若《ぶんじゃく》）は、傑物といえる人物であった。

〝名士〟の出である。潁川郡潁陰県《えいせんえいいん》（現・河南省許昌市《きょしょう》）の出身。祖父の荀淑《じゅんしゅく》は、王暢《おうよう》・李膺《りよう》の師でもあった。若いころ何顒《かぎょう》から、「王佐の才也《なり》」と高い人物評価を受けたのが荀彧である。

かれは最初、韓馥に従って冀州に赴いたが、冀州を奪った袁紹《えんしょう》が厚い礼をもてなしたため、一時はその臣下となったものの、早々に見切りをつけると、甥の荀攸《じゅんゆう》とともに、曹操のもとへ身を寄せた。

荀彧の人柄を見て、「吾《われ》の子房《しぼう》也」とまで曹操は絶賛した。子房とは、単なる無頼の親分にすぎなかった劉邦《りゅうほう》に、前漢帝国を創業させた軍師・張良《ちょうりょう》の字《あざな》であり、中国史上でも屈指の逸才といえるだろう。曹操は荀彧を、張良と互角に評価したわけだ。

荀彧もまた毛玠と同様、献帝を迎えるべく決断を曹操に迫り、その根拠地・兗《えん》州の内政充実にも手腕を発揮した。また、袁紹が公孫瓚と抗争を展開している間に、まがりなりにも曹操の軍を、袁紹の大軍に拮抗《きっこう》できるまでに育成した功労は、誰よりもまず、荀彧に帰されるべきであったろう。

この人物の凄さは、呂布《りょふ》に追われて曹操のところへ逃げてきた劉備《りゅうび》を、将来に禍根を残すとして、殺すように曹操へ進言した、とされる逸話でも明らかであった。もっとも、曹操はこの申し出を容れなかったのだが……。

それでも曹操は、荀彧を買いつづけ、これから見る「官渡《かんと》の戦い」のあと、その進言に従って性急な南下＝荊《けい》州征伐を思いとどまり、自身の国力の充実と将兵の操練精度を高めるための訓練をおこなっている。荀彧はほどなく、侍中《じちゅう》（天子に侍して顧問する官僚）の職にのぼった。

しかし、日々威勢の増す曹操と荀彧の間には、わずかながら溝ができはじめる。

その二人の対立が抜き差しならないものとなるのは、曹操が〝三公〟を廃して、自身を「丞相《じょうしょう》」としたあたりであろうか。長吏（県の最上級の役人）の董昭《とうしょう》が曹操に、〝魏公〟となるよう進言したところ、荀彧は色をなして、

「君子とは人々を徳によって慈《いつく》しむ存在であり、自らが臣下としての度を越えた身分に、なることを願ってはなりませぬ」

はじめて、曹操の意に逆らった。

この発言でもわかるように、〝名士〟の荀彧には衰えた後漢帝国を再興する悲願があり、見方を替えれば、曹操に協力したのも、それを実現するための手段であったが、一方の曹操は覆水《ふくすい》盆に返らずで、すでに朝廷の修復・再生は不可能である、と考えていた。

これでは、両者の破綻は時間の問題であったろう。荀彧は政治の中枢からはずされ、悶々とした日を送る中で病没した。裴松之《はいしょうし》の「注」には、『魏氏春秋』がひかれ、曹操に自殺を強要された、とある。あり得ぬことではない。享年五十。

曹操はこれまで、自らを補完してくれる人物であれば、無条件で受け入れたが、その質量が増せば、荀彧一人に固執する理由もなかったろう。要は適材適所に人を抜擢し、最善の策を聞きわける耳があればよい、と曹操は判断したのであろう。

## ◆不如意な現実

――話を、呂布の兗州占拠に戻そう。

荀彧と三県を死守した程昱《ていいく》（字は仲徳《ちゅうとく》）も、曹操にとっては得がたい〝士〟であった。東郡東阿《とうあ》の人で、兗州刺史の劉岱《りゅうたい》から度々招聘を受けたが応じず、荀彧の推挙で曹操に招かれ出仕した。張邈らの謀叛が勃発したおり、程昱は動揺する人々に向って、

「呂布は〝匹夫の勇〟にすぎない。曹操殿こそが、不世出の智略をそなえた人物だ。どちらを選べばよいか、よく考えてみるがいい」

そういって説得し、三県の徹底守備についた。

徐州から取って返した曹操は、程昱の手を取ると、

「子（程昱）の力微《な》かりせば、吾に帰する所無し」

心から感謝した。いつわりのない、感謝の思いであったろう。

いよいよ、呂布との攻防戦がはじまった。序章でみた、曹操の貧相ぶりが助かって、一

度捕らえられたのに、逃げられたエピソードはこのおりのもの。

　両者の戦いは百余日つづいたが、決着がつかない。そこに蝗《いなご》の災害が押し寄せて来た。両軍ともに兵站が乏しくなり、しかたなく双方ともに軍を一旦、引くことになる。

　このタイミングで、袁紹から連合の誘いが曹操に来た。兗州の大半を失って、弱気になっていた曹操は、事実上の服属になるこの同盟を、なかば受諾しようとする。

「それはなりませぬ」

　と、待ったをかけたのが程昱だった。

「まだ三城（県）のこっております。兵も一万を下りませぬ」

あなたの非凡な武勇もあり、荀彧も私もおります。覇業は可能です、あきらめてはなりませぬ、と程昱は述べた。曹操はその言に従い、この苦境を持ちこたえる。

「天の将《まさ》に大任《たいにん》を是《こ》の人に降《くだ》さんとするや、必ず先《ま》ず其《そ》の心志《しんし》を苦しめ、其の筋骨《きんこつ》を労せしめ、其の体膚《たいふ》を餓《う》えしめ、其の身を空乏《くうぼう》にし、行なうこと其の為《な》さんとする所に払乱《ふつらん》せしむ」

　これは、『孟子』の告子《こくし》の言葉である。

　人生の中で絶望的な逆境に陥ったとき、かみしめるべき珠玉の言葉といえる。

　天はある人に、大任を授けようとするとき、必ずまずはその人の心身を苦しめ、窮乏の境遇におとしめ、なにをおこなっても、すべてその人の成さんとするところに逆行するような不如意《ふにょい》（思うようにならないこと）をわざわざ与えて試練とする。

日本流でいう、「艱難《かんなん》、汝《なんじ》を玉《たま》にす」である。乗り越えられれば、「大任」が待っている、と告子はさらりというが、運命にためされている者はたまったものではない。

すでにふれた勇気、忍耐であるが、人はそもそも、思うほどには頑丈にできていないものだ。逆境も押し寄せてくる回数が、事前にわかっていれば耐えられるかもしれない。が、とんでもない苦境を味わされ、なんとか歯をくいしばって全身創痍《そうい》で乗り切ったと思ったら、その直後により大きな難問が待っていた。こういう時、心が折れずに立ち向かえる人は少ない。折れても、しかたがなかった。

「われに、七難八苦を与えたまえ。かぎりある身の力ためさん」

などと月に祈れたのは、日本の戦国時代でも山中鹿介《しかのすけ》ただ一人であった。

だが、この苦境の先に自らを大きく飛躍させてくれる、幸運の扉が待っているのも史実なのだ。英雄とはつまるところ、この苦境、不如意の連続に、どれだけ耐えられるのか、その精神力の強さをもって測るべきものなのかもしれない。

興平二年（一九五）、ついに根比《こんくら》べに敗れた呂布は、徐州へと落ちていく。

曹操はつづいて、張邈の弟・張超《ちょうちょう》がたてこもっていた雍丘《ようきゅう》（現・河南省開封《かいほう》市杞《き》県）を包囲すること数ヵ月、ついにはこれを陥落し、張超を自殺に追い込む（張邈も袁術のもとへ援軍を求めに行く途中、自軍の兵に殺されてしまった）。

十月、献帝から曹操へ、正式に兗州の牧に任ずる知らせが届いた。翌年、年号は「建安」となる。二十四年つづく、後漢の事実上、最後の年号となった（そのあと数ヵ月、「延康」があったが）。長安にあった献帝は、洛陽に再び遷都することになる。

実は袁紹の陣営でも、天子推戴は議されていた。が、今さら衰退した権威を担いでもしかたがない。天子をいただけば、逐一、上聞せねばならない。天子に逆らえば勅命を下すことを拒絶される。つまり利用価値に比べて、制約が多すぎるとの反対意見が多く、袁紹はためらい、推戴に踏み切ることを躊躇した。

――このことが、かれのその後を決した、といっても過言ではなかった。

## ◆曹操が策定した国づくり

一方の曹操は、八月には司隷校尉《しれいこうい》（朝廷内の監察をおこなう官）、録尚書事《ろくしょうしょじ》（尚書の最高官で宰相に相当する）を授けられている。九月、破壊された洛陽に献帝を迎えるのは事実上、無理があるとの判断から、曹操は自分の軍営のある許《きょ》（現・河南省許昌《きょしょう》市の東）へ献帝を行幸させた。曹操は「大将軍」の位につき、武平侯《ぶへいこう》に封ぜられる。かれは詔勅をもって袁紹に私闘行為を戒め、その一方で袁紹に「太尉」の位を贈った。

この頃の、二人の関係は複雑である。すでに曹操は心の奥底で袁紹との決別、対決をさけられぬもの、と考えていた。が、兵力はまだ袁紹の方が格段に上回っている。それを何とかするためには、時間が必要であった。

「なぜ、貴公が大将軍なのか？」

不満をもつ袁紹に、曹操は「大将軍」をゆずり、自らは「司空」となった。その一方で、屯田制度を中国の内部で大規模に実施している。

――後漢末期の動乱は、大陸全土を荒廃させ、極度の人口減少をもたらしていた。

建安元年《けんあん》（一九六）の時点で、曹操は棗祗《そうし》や任峻《じんしゅん》、韓浩《かんこう》らの建議に従い、都である許《きょ》の地に「屯田」の制を布いている。通常、屯田といえば兵士を辺境に置き、平時は農作業に従事させて食糧の自給自足をはかり、一朝事あるときには兵力として国防に当たるもの、とされてきた。が、曹操の実施した屯田制は、一般のイメージにあるものを「軍屯」と称し、これに対する「民屯」と区別していた。

これは管轄の官庁が、異なっていた事実からも明らかであった。

まずは、都の周辺部からはじめて、長い戦乱で所有者のいなくなった土地を、公田として没収し、一方で土地を失《うしな》って流浪している農民たちに、これを貸し与え、場合によっては農耕用の牛馬までも貸与し、農業の再建・奨励にあたったわけだ。

国営の民屯で働く農民は、「田客《でんきゃく》（佃客）」と呼ばれて租税の面でも、田租のほかに人頭税や役《えき》税をも徴収された〝漢〟の帝国の税制に比べ、相応の軽減措置がとられていた。

『魏書』任峻伝《じんしゅんでん》には、典農中郎《でんのうちゅうろう》として屯田の管理にあたった任峻の記述の中に、その制度が大成功し、一年で県下から百万斛《こく》（一千九百八十万リットル。一斛は十斗《と》＝十九・八リットル）の収穫を得、数年にして県内一円に穀物が山と積まれ、食糧事情は見違えるばかりに改善された、との記載があった。

たかが農政と言うなかれ、この意義はきわめて大きかったのである。

もともと天下の動乱と呼ばれる類《たぐい》は、農民の身に最も重くのしかかった。

秩序のほころびから盗匪《とうひ》や私軍がはびこり、官軍までが私利私欲に走ると、平穏に生活している農民が、一方的な被害者として掠奪・暴行を受けた。

最初はひたすら我慢し、耐えるかれらも、飢餓《きが》が迫って、ついには生まれ育った土地にいたたまれなくなり、逃亡者や流民となって、新たな流盗に育ち、やがては帝国の抗民となって、かつての己れと同様の極く普通の農民たちを襲うこととなった。

したがって、中国大陸においては、叛乱を糺《ただ》す英雄・豪傑は他面、こうした悪循環を断ち切ることのできる者――理想でも哲学でもなく、人々に食糧を与えて、安定した生活を保障してくれる者を指した。が、これは大変やっかいな要求といわねばならない。

百人の流民がある農村を襲い、食糧を食い尽くせば、次にはその村人たちが一村ごと流民と化して、他村を襲撃する。こうした事態が繰り返されれば、流民の群れは併立し、やがては千人規模の食糧をまかなえる首領を求めて流浪することになった。千人を擁する首領に、一万人の面倒が見られる才覚があればよし。なければその頭目は殺され、ほかの勢力と合流する。こうしてできたのが、これまでにも見てきた黄巾の乱以後の賊軍であった。

## ◆わが子・曹昂の戦死と賈詡《かく》の獲得

三国志の世界は、これにふつうにくらす良民の土地を加え、群雄が割拠し、離合集散した結果、三つに鼎立する方向に進んだのだが、最大の軍勢を率いることになる曹操にとっては、己れの政権維持が可能か否かは、そのまま〝漢〟の帝国の再生とさらなる発展につながるかどうか、に直結していた。そしてその根本は、傘下の人々を食わせ得るかどうかにかかっていたわけだ。

万一、飢えさせでもすれば、壊滅した帝国は分裂・併立していくだろう。曹操は華北の穀倉地帯を抑えるべく、その前提として、農作物の量産・安定化を急いでいた。

屯田の成功は、この懸案事項を見事に解決したことになる。流民は定着し、食糧の供給もすすんだ。曹操はこの制度を支配地全域に及ぼすことで、のちの魏の政権を安定させることになる。

最初は試行錯誤の連続であったが、この方面にも曹操の人望力により、得難いスペシャリスト、テクノクラートは集結していた。

――戦いは、なおもつづいた。

董卓の残党・張済《ちょうさい》の軍を追って、曹操は南陽郡宛《えん》県（現・河南省南陽市）に進出。途中で死去した張済にかわり、一族（一説に甥）の張繡《ちょうしゅう》が劉表と結んで抗戦したが、ようやくこれを降伏させることに成功した。

ところが、曹操が張済の未亡人を奪ったことが原因で、張繡はまさかの反撃に出る。そのため曹操は馬をやられ、自らも右腕に矢傷を負い、さらには共に戦っていた長男の曹昂《そうこう》に馬をゆずられ、それが原因で最愛の息子を失う羽目《はめ》となる。因果応報《いんがおうほう》であろうか。

息子を失ったことが、よほど曹操には応《こた》えたようだ。

「今より已後《いご》は、復《ま》た敗けず」（『魏書』）

と部下たちに言明し、誓っている。自らの気持ちを、引きしめたのであろう。

懸命に張繡を攻め、穣《じょう》（現・河南省鄧州市《とうしゅうし》）に包囲する曹操のもとへ、袁紹が許を襲い、献帝を奪おうとしている、との報がもたらされた。ようやく袁紹も、天子を戴《いただ》くことのメリットが理解できるようになったようだ。ここで献帝を失えば、曹操の袁紹に対する劣勢は、決定的となる。しかし、許へ戻るとなると、今度は張繡が追撃してくるは必定《ひつじょう》。

しかたなく曹操は、尻を突き出すようにして、陣営を一つずつ後方へずらすように、慎重な退却戦を開始した。途中、張繡の軍は劉表の軍と合流し、挟撃を計画するが、曹操は『孫子』にある軍略・兵法を駆使して、逆に挟み討ちにして許への生還を果たす。

「帰師は遏《とど》むること勿《なか》れ」（九変篇）――ひたすら母国に帰ろうとする軍は、ひき止めてはならない――であった。これは追いつめられ、絶体絶命の状況におかれたとき、軍が必死の力を発揮するのと同じであった。

「之《こ》れを亡《ぼう》地《ち》に投じて、然《しか》る後《のち》に存《そん》し、之《こ》れを死地に陥れて、然る後に生《い》く」（九地篇）

であった。

曹操はやがて張繡の帰順を受けいれ、ついには呂布と陳宮をも水攻めでやぶる。そして二人を捕縛し、処刑した。このおり曹操は、またしても得がたい人物を得ている。賈詡《かく》（字《あざな》は文和《ぶんわ》）である。武威《ぶい》郡姑臧《こぞう》県（現・甘粛省武威市）の人。この人物を得なければ、袁紹との〝天下分け目の戦い〟とその結末は、予断を許さなかったにちがいない。

前漢の劉邦を助けた軍師・張良や陳平《ちんぺい》の奇略の才がある、とも一部ではいわれていたが、賈詡は若い頃、認めてくれる人にはあまり恵まれなかった。

「孝廉」に選ばれたものの、董卓登場で朝廷は瓦解へ。賈詡は李傕《りかく》らにうやうやしくあつかわれてのち、張繡のもとへ。賈詡は曹操と袁紹の両陣営が、しきりに味方を募っている中、張繡の幕僚をつとめていた。張繡はこれまでの曹操との争いから、当然のこととして袁紹の陣営に入ろうとする。

それを思いとどまらせ、曹操の側に引き込んだのが、軍師役の賈詡であった。

「（袁）紹は強盗なり、われ少数をもってこれに従えば、必ずわれをもって重しとなさず、

曹（操）公は衆弱く、そのわれを得るや必ず喜ばん」（『魏書』賈詡伝）

平たく言えば、困っている側につけば、相手の感謝は大きい、と賈詡は説いたわけだ。曹操はその予言通りに、張繡を揚武将軍に取り立てている。

賈詡はその張繡よりも、はるかに出世した。執金吾《しっきんご》（中尉から改称、北軍を指揮し首都の警備・巡察をつかさどった）に任命され、都亭侯《とていこう》に封ぜられ、のちには冀《き》州の牧に栄転させている。だが、その前に官渡の戦いが、曹操と賈詡主従に立ちはだかってきた。

## ◆「至弱をもって至強に当たる」

建安四年（一九九）、袁紹はついに公孫瓚を破り、幽州を手中とする。幽州・冀州・青州・幷《へい》州――河北（華北）の地を支配したかれにとって、残った敵は、かつての友・曹操一人となっていた。

曹操は兗州に豫州（予州）と領土を広げ、献帝を擁していたものの、圧倒的に情勢は袁紹に有利であった。冀《き》州・幽《ゆう》州・幷《へい》州・青州といった今日の河北省、および山東省北部、黄《こう》河《が》以北の広大な地域は、ことごとく袁紹の支配下におかれていた。兵力・経済力ともに、袁紹が曹操をはるかに上まわっている。

そうした中でいよいよ、袁紹の大軍が南下を開始した。曹操の陣営では早くも敗北感が広がり、戦う以前から勝敗は決した観があった。

このとき曹操は、袁紹の人となりなら、自分が誰よりも良く知っている、と前置きし、

「志《こころざし》大なれども智《ち》小、色厲《はげ》しけれども胆《たん》薄く、忌克《きこく》にして威少《いすくな》し」

と述べた。即ち、野心大望はあるが、実現するための智力に欠けている。居丈高《いたけだか》な顔はするが、度胸はない。人に勝とうとする気は強いが、人を畏敬させることのできない人物だ、と言ってのけた。

加えて曹操は、

「兵多けれど分画明《あきら》かならず、将驕《おご》りて政令一ならず」

とも言った。

◆袁紹肖像画『絵本通俗三国志』より

なるほど兵数は多いものの、組織が整っていない。将軍たちは威張るばかりで、政令は勝手気ままに出されて一貫性がない。まさに大組織がもつ根源的にして、致命的な欠陥といっていい。このように曹操は、袁紹の〝強〟の中にあえて〝弱〟を見出し、味方の〝弱〟＝〝不安〟を勝利への確信に置きかえた。

また、こうした曹操の論理は、決戦において

も遺憾なく発揮されている。

「兵少なくして敵せざるも、その勢いを分かたば、すなわち可なり」

兵数のうえで当方が少なくとも、敵の兵力を分散させれば、充分、対等に戦えると曹操はいうのである。まさしく、孫子の兵法であった。

「官渡《かんと》の戦い」は曹操の大勝利となるが、この一戦を評して曹操の謀臣となった荀彧は、「至弱をもって至強に当たる」（きわめて劣勢な軍で、最大最強の軍と戦った）と表現した。

その一言によって、後世、弱小なものが強大なものに立ち向かう場合の謂《いい》となる。

建安五年（二〇〇）正月、車騎《しゃき》将軍から曹操によって徐州《じょ》の刺史となった車冑《しゃちゅう》――この男を殺して、それにとって代った劉備を討つべく、曹操は出陣した。

そもそも劉備を徐州にやったのは、袁術に対抗するための曹操の指示であった。が、その袁術が死去すると、劉備は独自に動きはじめ、コントロールがきかなくなってしまう。

徐州への出撃を知った袁紹の軍師・田豊《でんぽう》は、いまこそ曹操の後方を襲うべきだと進言したが、袁紹は子供の病気を理由に、出陣に応じなかった。

## ◆〝天下分け目〟の決戦へ

田豊は杖をふりあげ、地面を強く打ちつけてくやしがったが、すべては後の祭り。

先にもふれた『先賢行状《せんけんぎょうじょう》』という書によると、田豊の字は元皓《げんこう》。鉅鹿《きょろく》郡（現・河北省邢台《けいだい》市平郷《へいきょう》県）の人という。別に、勃海郡の人とも。

生まれつきの傑物と記され、権謀奇略の才にめぐまれ、幼い頃に親を失《な》くしてからは、月日が経過しても歯ぐきまでみせて笑うことはなくなったという。

博学多識で、朝廷の「太尉」の幕府（役所）に召し出され、「茂才《もさい》」（秀才）に推挙され、侍御史《じぎょし》に昇進。宦官横暴の中、官位を棄てて一度郷里にもどったかれは、袁紹の義挙のおり、それこそ劉備の孔明における〝三顧の礼〟に相当するような厚遇をもって、招聘され、田豊はそれにしたがい別駕《べつが》（刺史の巡察に随行する官僚）となった。

逢紀《ほうき》という同僚が、田豊の公明で率直なものいいを煙たがり、度々、袁紹に讒訴《ざんそ》したため、袁紹もしだいに田豊を遠ざけるようになったという。

曹操は劉備を破り、その妻子と関羽を人質として連行する。逃げた劉備は袁紹のもとへ。こうなると袁紹も、いよいよ重い腰をあげざるを得なくなった。陳琳に檄文を書かせ、後漢帝国「司空」の曹操の祖父や父に言及した攻撃文は、このおりのもの。

二月、袁紹は十万の軍勢をもって黎陽《れいよう》（現・河南省鶴壁《かくへき》市浚《しゅん》県東北）に進軍。都の許を攻撃する準備を整える。曹操軍は、二万程度。主力を許の北方、官渡に配備した。

兵力が隔絶している。まさに『孫子』ならぬ、曹操の兵法の真価がとわれる局面となった。袁紹は落ち着いている。自らの大軍は、いつでも黄河を渡れる体制をとり、顔良《がんりょう》に軍勢をさいて渡河させ、白馬（現・河南省安陽《あんよう》市滑《かつ》県東）に陣取る曹操方の劉延を攻めさせた。

が、これこそがすでに、曹操の思惑による〝先手〟であった。

「真正面からの衝突では、わが軍に勝ち目はありません。敵を分散させるべきです」

曹操に進言したのが、荀攸《じゅんゆう》（字《あざな》を公達《こうたつ》）であった。

かれも祖父を広陵《こうりょう》の太守にもつ〝名士〟であり、荀彧の甥でもあった。

かつて何進が朝廷を牛耳ったおり、〝名士〟二十人を召したことがある。そのおりに、選ばれて朝廷に参加した一人が荀攸で、そのあとの董卓の登場により、この暴戻《ぼうれい》を刺殺しようと企て、計画が事前に露見したため、荀攸は〝名士〟で議郎であった何顒《かぎょう》と共に、逮捕され投獄されてしまう。

何顒は心配に恐怖がかさなり、ついに自殺したが、荀攸は獄中にあっても泰然《たいぜん》自若《じじゃく》、董卓が殺されて釈放され、官位を捨てて帰郷。改めて任城《にんじょう》の〝相〟に任ぜられたが赴任せず、遠方の蜀郡の太守となるべく運動したが、かなえられたものの現地までたどりつけず、荊州に滞在することとなる。

曹操は荀攸の人物を知り、僻地《へきち》から世の中を傍観させておくにはおしい、と召し出し、人物をみるためにまずは汝南太守に任じ、ついで尚書に登用して、自らの身近に置いた。

その後、曹操は荀攸を軍師としてたよるようになり、対張繡戦、対呂布戦にも参画させ、これまでに十二分の信任を置いていた。曹操は袁紹との決戦にのぞみ、荀攸の言葉に従い、一軍をさいて、延津《えんしん》(現・河南省新郷市延津県北)に進み、黄河を渡って袁紹の背後をつくとみせかけたのである。

そうすれば、袁紹は必ずそちらへ動く。そのすきに、白馬を攻めることとした。

はたして袁紹はこの計略にはまり、さらに兵力を西に分散。それを見とどけた曹操は、自ら白馬に急行する。敵将・顔良は十里接近したところで、ようやくそれを察知したが、慌てて応戦したことで、曹操の軍中にあった張遼と関羽につけ込まれ、自らも斬られて軍は撃破されてしまう。

曹操は黄河にそって官渡まで引きあげたが、袁紹がこれを猛烈なスピードで追撃してきた。途中、曹操は食糧を路上に放置し、敵が近よるのを待つ姿勢をとる。われ先にと突っ込んできた袁紹軍は、置き捨てにされている食糧をみてびっくり。隊列を乱して、食糧にむらがった。追撃戦が瞬時に、兵站の掠奪戦となる。

「頃はよし——」

曹操はわずか六百にも満たない兵力でもって、混乱する敵軍に斬り込み、大将の文醜を斬り殺した。前哨戦は曹操の勝利であったが、それでも兵力の差は歴然としており、決して縮《ちぢ》まったわけではなかった。

## ◆名軍師・沮授《そじゅ》の悲劇

読者諸氏に、万一の誤解がないよう、あえて蛇足を述べるが、袁紹軍に毛玠や荀彧、程昱、荀攸などに匹敵する人物がいなかったのか、といえばそうではない。

すでに献帝をむかえ入れる案についても、曹操の知恵袋たちが切り出す前から、袁紹にくり返し訴えた先見性のある人物は、むこうの陣営に多かった。否、兵力がそうであるように、智謀の質と量においても、袁紹の方が多くの〝名士〟、軍師、補佐役をもっていたかと思われる。

先にみた、田豊を思い出していただきたい。

歴史は百パーセント、勝者がつづる。そのため、生き残ったことを前提に名将・智将・闘将などが並べられるが、敗れた者、滅んでいった側にも、優秀な人材はいたのである。

要はトップがそれを使えたか否か、どの助言を採用し、どの案を決断したか。その採択により、勝敗も生き死にも区分された。

そのことを雄弁に語るのが、献帝を推戴することを袁紹にしつこく進言しながら、採用されなかった沮授《そじゅ》であろう。

かれは若い頃から大志を抱き、軍略・兵法の才も持ち、朝廷に出仕して別駕をつとめ、「茂才《もさい》」に推挙されて二県の令を歴任。最初は韓馥の別駕であり、騎都尉をつとめ、袁紹が冀州を手に入れたときに招聘した人物。従事として仕え、袁紹は何をするにもまず、沮授に相談をもちかけた。

しかし、それでいて袁紹は、沮授の言を聴くだけで、もちいることをしなかった。

袁紹が公孫瓚を撃破したおり、長男の袁譚《えんたん》に青州の統治をまかせた時も、沮授は「必ず禍いの始まりとなるでしょう」と諫言したが、袁紹は「なに、息子たちに一州ずつ支配させて、その治めぶりをみて、後継者を選ぶつもりだ」と、とりあわなかった。

そもそも沮授は、曹操との決戦そのものに反対してもいた。

「出兵が何年もつづき、民百姓は疲れきっております。倉庫に貯えはなく、役務はふえ、人は少なく混乱いたしております」

かれは献帝に曹操を疑わせる工作をしつつ、袁紹の支配地の国力を充実し、そのあとにこそ出陣するべきだ、と訴えたが、好戦派の言に袁紹は乗ってしまう。

「混乱を救い暴虐《ぼうぎゃく》をこらしめるものを義兵といい、人数を頼み武力に依拠するものを驕兵《きょうへい》（強兵）と呼びます。義兵は無敵、驕兵はあきらかに滅亡します」

曹操はいずれで、わが軍はどちらだとお考えですか、とまで沮授は迫ったが、袁紹はかえりみようとはしなかった。それどころか沮授に与えていた「監軍」（軍隊を監督する役）の地位を、バラして三分割するありさま。

『献帝伝』に拠れば、官渡への決戦に出撃する前夜、沮授は一族を集めて自らの財産を分けあたえ、

「勢いあればこそ、威光はすべてに及ぶが、勢いを失えば、身一つ保つことはできまい。哀しいことだ」

　かれは戦う前から、袁紹の敗戦をすら予言していた。

　七月、袁紹は官渡の地・陽武《ようぶ》（現・河南省新郷市原陽《げんよう》県）に大兵を進め、翌八月には官渡に迫った。この渡河の前にも、沮授は袁紹を諫めている。

「延津に軍営を留めつつ、兵をわけて官渡に派遣されるが適当です」

　全滅したら、どうするのですか、と沮授はいいたかったのだろうが、袁紹は聞く耳をもたない。沮授は慨嘆《がいたん》し、

「上の者は自分たちの野心を満たすことに汲々とし、下の者は手柄をたてることのみに専心している。悠々と流れる黄河よ、わしはもう故郷へはもどれないのか」

　そうつぶやくと、かれは病いを口実に名目だけとなった「監軍」を辞去する。

　守勢の曹操は、東西に長い陣地を構築した。が、層が薄い。兵数がちがいすぎた。

　両軍の前線で軽い衝突があったが、とても袁紹の大軍にはかなわない。

兵をひいて砦に籠《こも》ると、そこを袁紹軍の物見櫓から、散々に矢を射かけられるありさま。そのため「霹靂車《いかづちぐるま》」（へきれきしゃ、とも）と呼ばれる発石車を作らせ、袁紹軍のやぐらに石を打ち込み、物見櫓を粉砕。一方の袁紹は、地下道を掘って曹操の陣へ近づこうとし、曹操は深い塹壕《ざんごう》を掘って、これに対処した。

## ◆幸運か罠か

両国はにらみ合いをつづけたが、兵糧の互いに減っていくのはいかんともしがたかった。とくに実の少ない曹操軍は不利で、将兵の不満もそこここで出はじめている。

一度、官渡を放棄して、許へ撤退しようかと考える曹操に、荀彧はいう。

「先に引き下がった方が、この戦《いくさ》、負けます」

そういいつつ、かれはまた、

「――このままではかならず、戦場に変化が生じましょう（膠着《こうちゃく》した状態が崩れる＝自軍が敗ける）。その前に、いまこそ奇策を用いるべきです」

と、孫子のいう〝詭道《きどう》〟をつよく進言した。

十月、袁紹の側近であった許攸《きょゆう》が、曹操のもとへ寝返ってきた。

かれは亡命する前に、この膠着したすきに、許を攻めて、一気に天子を手中にすることこそが、勝利につながると進言したが、袁紹には聞き入れてもらえなかった、という。

〝士〟は、自らの才に生死を賭ける。わが企てがならないとなるや、許攸は一気に袁紹を見限って、敵の曹操の懐《ふところ》へ飛び込んだ。

この逆も、また真なりである。許攸を迎えた曹操の心中は、さて、いかばかりであったろうか——。かれの〝傲慢さ〟が、ここで首をもたげたように思われる。

許攸と面会した曹操は、許攸に食糧事情を聞かれて、強気のうそをつくが、相手には通じない。

「事実はどうですか——」

と詰めよられ、曹操は軍の機密をあっさりと、正直に打ちあけた。

「あと、一ヶ月分しかない」

と。寝返りの不忠者に、である。

これが曹操の、人望力の底辺であった。空中のタイトロープの上を渡るような、恐怖と緊張感に押しつぶされそうになりながら、この男はそれでもこの局面を心の底で、〝傲慢〟に楽しんでいた。曹操の素直な答えに満足したのか、許攸はとんでもないことを口にする。

袁紹軍の兵糧は、烏巣《うそう》（現・河南省新郷市延津県）に集められており、しかも警備は厳重ではない、というのだ。

「この糧食を焼いてしまえば、袁紹軍は自滅してしまうでしょう」

嘘だろう、味方のなかにも、これは罠だ、と考えるものは多かった。

なにしろ、話がうますぎる。だが、〝傲慢〟曹操は気軽く、まるで小博奕を打つように、このアブナイ話に乗った。乗った根拠は、荀攸と賈詡が勧めたから、であった。しかも曹操は、留守を曹洪にたくして、罠かもしれないこの一戦に、自らが五千人の兵を率いて臨む。

夜半、そっと陣をぬけ出した。しかも兵卒には、袁紹軍の旗やのぼりを揚げさせ、馬はいななかないように、木片を一頭ずつくわえさせて口を縛り、間道を迂回しつつ進んだ。しかも兵士一人一人に、薪の束を抱えさせている。

曹操のことだ、花嫁強奪の若き日を思い出していたかもしれない。張り裂けそうな緊張感の中で、恐怖に凍えながら、笑えるのがこの男であった。

夜の白むころ、曹操は烏巣にたどりついた。いきなり兵糧のつまった大倉庫を包囲させると、一斉に火を放たせる。火炎はみるみる、糧食を焼き尽くした。

この急報に接した時、袁紹は慌《あわ》てふためいて、重ねての決断をあやまってしまう。烏巣を急襲したのは曹操の、全軍に近い数と誤判し、空《から》になっているであろう曹操の本陣を、自軍の主力をもって攻めかからせた。

一方の烏巣には、逃げてくる味方を救出するための、小部隊しかむかわせなかった（といっても、曹操の奇襲部隊よりは多い）。

ところが案に相違して、官渡の曹洪の守りは固く、人数も予想をこえて重層で、袁紹軍はついにこれを短時間に攻め切れなかった。烏巣の救援軍も、曹操に狙いすまされて壊滅されてしまう。あげく、自軍の兵糧をことごとく焼かれたと知った袁紹軍からは、次々と白旗をかかげて降参する者が出た。

袁紹は大敗を喫し、その子・袁譚《えんたん》（長男）とわずか八百騎に守られて、河北へ敗走を余儀なくされる。献帝への戦勝報告は、画期的なものとなった。

「凡《およ》そ首を斬ること七万余級、輜重《しちょう》・財物は巨億――」

あわせて、袁紹にあてた曹操陣営の人々からの書簡も、多数押収された。

許攸の例もある。曹操はそれら袁紹への内通を問い合わせたもの、あるいは許諾したであろう返事の書状を、中身をみることなく、そのまま焼き捨てた。

「私ですら終始、不安であった。ほかの者が動揺したとしても、むりはあるまい」

のちに蜀漢の宰相となる諸葛孔明は、この曹操の大勝を「名微《び》にして衆寡《すくな》し」――群雄のなかでは、もともと無名に近く、兵力も持たなかった――そんな曹操が、袁紹に勝てたのは、「惟《た》だ天の時あるのみに非《あら》ず、抑《そもそ》も亦《ま》た人の謀也《なり》」――ただ運が良かったからではない、多くの人々の智謀を働かせ、曹操が決断したからだ、とコメントしている。

## ◆「つよ過《す》ぎたる大将」＝袁紹

決戦前、袁紹の陣にあっては、沮授のみならず、同じく軍師の立場にあった田豊も持久戦を袁紹に強く進言していた。兵力のおとる曹操に対して、何もあわてて決戦することはありません。ゆっくり時間をかけて、相手陣営を疲弊させればよい。食糧事情でも、当方が優越しています。その方が、確実に勝てます、と。

しかし袁紹は、憮然《ぶぜん》としたおももちで聞き入れず、田豊のあまりの執拗《しつこ》さに腹を立て、兵士の戦闘意欲をそぐ不逞《ふてい》の輩として、田豊を獄に投じてしまった。

田豊は敗戦後、好戦派の悪意あるデマのため、袁紹に殺されている。

筆者は思うのだが、袁紹こそはすでにみた、『甲陽軍鑑』にいう大将の資格を欠く、四つのタイプの四番目、「つよ（強）過《す》ぎたる大将」そのものではなかったか。

なるほど袁紹は〝士〟であり、〝賢〟であって、〝名士〟のグループに入り得る人物であった。家学は天下に知られ、自らもその中心人物としての自負心がある。

曹操の兄貴分として、町をごろついていたが、袁紹は二十歳のおりには濮陽《ぼくよう》の長に就任していた。清廉との評判も、曹操などその足もとにも及ばない。二十代から将来を期して、人々との交際にも心がけてきたことは、すでにみた通りだ。文武の心がけも良好で、人づきあいも悪くなかった。ほぼ完璧であった、といってよい。

が、これがかえっていけなかった。何事についても、弱味にみえるようなことを嫌い、常に完璧にみられることを袁紹は欲した。無論、自分の自我を押え込む努力はかれも懸命におこなっている。しかし、どれほど本性を改め、捻じふせたとしても、人間はいよいよの境面、最悪の状況に遭遇すると、かならず本性が顔を出した。問題なのはそれが不意に、唐突に出現することであった。

こういう、よく出来た「つよ過《すぎ》たる大将」は、普段から部下の意見に耳をかそうとはしない。聞いてはいるが、すでに自分の見解は固まっていて、修正する気持ちなど、もとよりなかった。自説と同じならば敬うが、反対意見、ましてや諫言などは論外であった。

袁紹は、大将たる者はただ、自分の考えをそのまま通すだけでよい、と心底、信じていたようだ。つきしたがう部下は、その意見をさらに派手にみせる工夫、より積極的な、強硬な意見を述べてくれれば、それで事はたりた。

ましてかれは、曹操ほどに手痛い大敗を喫したことがなかった。敗北をしらず、圧倒的な〝力〟を持ちつづけていた。結果、大将の作戦に無条件で従い、がむしゃらにつっこむタイプの人間が、「つよ過《すぎ》たる大将」の下では頭角を現わすことになる。顔良や文醜がその見本であった。

逆に、冷静な意見、客観的な判断をするものは、弱者のこだわり、たわごとをいうものとして侮られ、相手にされず、敵意をもたれて葬られてしまう。田豊しかり、また同様の運命は沮授にも待っていた。

負け戦《いくさ》を知らないものは、一度、大敗すると立ち直ることが難しい。なぜか、再建に必要な人が、内側にいなくなっているからだ。

孫盛は、田豊と沮授の二人を、前漢帝国の張良《ちょうりょう》と陳平《ちんぺい》より以上に高く評価していた。ただ前者と後者の、後世の印象は逆転している。孫盛はいう。君主は臣下の才能を見分けることが大切であり、臣下にとって主君を見定めることがなによりも重要だ、と。存立と滅亡、栄誉と屈辱はこの上下の要《かなめ》によって定まる。

田豊は袁紹の敗北を見通し、その結果、自らが殺されることまで見透かしていたが、〝烈士〟＝本物の〝士〟は自らの生命《いのち》をかえりみないもの。

一方の沮授は、総くずれとなった袁紹軍にあって、逃亡することもせず、降伏することもしなかった。いつわって降伏したものは、生き埋めとされたが、その中にもかれはいなかった。

渡河が間に合わずに生け捕りにされ、曹操のもとへひき出された。『献帝伝』に拠れば、沮授はなおも〝士〟であった。大声で、

「私は降参したのではない、軍兵に捕えられただけだ」

と叫んだ。つまり、殺せというのである。

## ◆曹操の人望力の極み

曹操は朝廷において、沮授を以前から知っていた。それだけに、この得がたい人物を殺そうなどとは考えなかった。

「これまで別々の世界にくらして来て、いつしか音信不通となったため、君を捕虜にすることになろうとは思いもしなかった」

そう切り出した曹操に、沮授はいう。

「袁紹は策をあやまり、北方へ逃走するはめとなりましたが、私も知略ことごとくが尽きてしまいました。捕虜となったのも、運命でしょう」

潔《いさぎよ》いその言に、曹操は助け舟を出す。

君の計略を、袁紹が用いなかったのだ。君の責任ではない。動乱が起きて十二年以上になる。にもかかわらず、帝国はいまだ安定していない。

(出典『魏書』)

「――安定させるために、ぜひ、君の力を貸してくれないか」

そういわれても沮授は、首を横にふる。なぜか。一家一族がすべて、袁紹の側にいた。もし、自分が曹操に登用されるようなことになれば、ことごとくは袁紹に誅殺されるであろう。

「――もし、公の特別のおぼしめしを承《う》けられますならば、早く私を死なせてくださいお願いいたします」

沮授の嘆願に、曹操は嘆息しつつ、かれらしい〝傲慢さ〟をここで口にする。

この場面において、この応答ができたのは、三国志の英雄豪傑の中で、かれだけであったにちがいない。

「私がもっと早くに、君を味方に招いていたなら、天下の平定もたやすくできたであろうに、な」

そういって曹操はひややかに、しかしきっぱりと、袁紹のもとへ帰ろうとしたこの者を殺せ、と側近に命じた。この二人のやりとりは、『三国志演義』に拠ったが、史実もおそらく、これに近いことがあったにちがいない。

史実も同じなら、周囲にいた〝士〟たちは、互いに袖にすがって泣いたであろう。号泣したものもいたはずだ。だが、曹操は泣かない。今にも張り裂けそうに、崩れそうになる心身のつらさを、必死に気力で支え、かれは決して冷酷な表情を変えなかった。

曹操が泣くことを許されるのは、誰一人、人のいない世界においてのみであったろう。孤高（ひとりだけ、ほかからかけはなれて気高いようす）――これが生涯を賭けて、かれが錬磨しつづけた、人望力の結論であったかもしれない。

「あんな傲慢な男が――」

唖然《あぜん》とした顔をして、つぶやいた曹操の支配地の人々、敵対して敗れ去っていった人々は、いずれもその本性をしらなかった。おそらく旧友の袁紹も、曹操の本性を理解していなかったのだろう。

袁紹は冀州の域邑《まち》にひるがえる、叛旗をやっきになって一つ一つつぶしていきながら、改めての自領平定に目処《めど》をつけた。ところが、ほっとしたところで病いを発してしまい、憂悶の中、血を吐いてこの世を去ってしまう。建安七年（二〇二）五月のことであった。享年四十九。曹操はこの年、四十八歳であった。

その前年、倉亭《そうてい》（現・山東省濮陽市范《はん》県の東北）に袁紹を攻めて、許に戻った曹操は、汝南《じょなん》を抑えていた劉備を一蹴。劉備ははじかれたように劉表のもとへ逃《のが》れ、新野《しんや》（現・河南省南陽市新野県）に駐留することになる。

曹操は袁紹が死ぬまで、その国力、兵力ともに、このかつての兄貴分を超えることはできなかった。もし、袁紹が己れの死後を考え、沮授の忠告を聞いて、しっかりとした後継者育成、擁立体制を計画していたならば、相変わらず曹操の危機はつづいていたにちがいない。間違っても、在生中の魏建国は覚束《おぼつか》なかったであろう。

曹操の人望力は常に、〝敵失《てきしつ》〟によって救われてきた点も見落としてはならない。

一番理解しやすいのが、杜牧《とぼく》（字は牧之《ぼくし》）の「阿房宮賦《あぼうきゅうふ》」の一節であろう。

「六国《りっこく》（韓・趙・魏・楚・燕・斉の戦国時代の六雄）を滅ぼす者は六国なり、秦《しん》に非《あら》ず。秦を族《ぞく》する者は秦なり、天下に非ず」（六国を滅ぼしたものは秦だというが、実は滅びる原因は六国自身の内にあったのだから、六国自身が滅ぼしたといってもよい。同様に、秦一族を滅亡させたのは、天下の人だというが、これも秦自身である。つまり、すべての国の興亡の根本原因は、みずからのうちにある）

## ◆袁紹後継者の末路

袁紹も、同断であった。最悪のタネを蒔いたまま、かれはそれを刈り取らずに死んでしまう。あきれはてるが、歴史上、組織の長としてはよくある話でもあった。

後継者を正式に定めぬまま、「つよ過《す》ぎたる大将」＝袁紹は身罷《みまか》ってしまう。あとに長男の袁譚《えんたん》と次男の袁熙《えんき》、末子の袁尚《えんしょう》、さらには甥にあたる高幹《こうかん》などが残った。

各々に後見する重臣たちがいる。しかも亡くなった袁紹は、子供の中で一番の年少ゆえに、袁尚を父性として溺愛《できあい》していた。このことを袁家の家臣たちは皆、知っている。当然のごとく袁紹なきあと、後継者をめぐって、幹部間に勢力争い、派閥抗争が勃発した。

一応、内訌に袁尚派が勝利し、袁尚を袁紹の正式な後継者としたが、長兄の袁譚は年長者なのに「車騎将軍」の位となる。当然、仲たがいはその後も断続的につづいた。

建安八年三月、袁譚・袁尚のこもる黎陽《れいよう》に攻めこんだ曹操は、逃げたかれらを追って四月、鄴に進軍。ところが八月に入ると、兄弟が互いに冀州を奪い合い、追い出された袁譚はなんと、あろうことか曹操に救いを求めてやってきた。

同じ年、曹操は今後の施政にかかわる布告を発している。荀彧を列侯に封じ、武勲輝く将官を各々、地方の行政長官に抜擢する人事を発令したのである。

——これは、画期的なことであった。

本来、〝士〟は文を尊び、武はその従でしかなかったが、曹操はその垣根を撤廃し、文武できてこそ〝士〟だ、本物の〝名士〟なのだ、と世上に宣言したのである。

この宣誓には、前年＝建安七年正月の、かれのショックが大きく影響していた。

この年の正月、曹操は故郷の譙《しょう》を訪れた。幼なじみや顔みしり、自らの少年時代、引き込もった青年時代、私を見かけた人がいるかもしれない。そう思いつつ、かれは一日、町中を歩いたが、ついに知り合いには誰一人として出会うことはなかった。長く内戦のつづいている間に、旧知の人々は他界し、あるいは他所《よそ》へ移っていってしまったのだ。

曹操は自らも参加した戦乱の、人の世のすさまじさをわが身に実感した。かれはここでも屯田制を採用し、荒廃した故郷の立て直しをはかっている。

「はやく、平和の世にもどさなければならない」

そのためには、〝士〟を育てなければ……。

曹操は郡・国に学問所を設置し、県にも学官を設けた。泰平の世を急ぐかれは、袁紹の残存勢力に対して追討を継続する一方で、降伏してくる諸将には厳罰ではなく、列侯に取り立てるという好条件をもちいた。

建安九年、袁尚の本拠地・鄴を陥落させ、曹操は袁紹の墓に出向き、その霊を祀って、哀悼の意を尽している。翌年には、泣きついて来ながら背《そむ》いた袁譚を南皮《なんぴ》（現・河北省滄州《そうしゅう》市南皮県の北）に追い、これを謀殺して、冀州の平定を終えている。幷《へい》州では一度、帰順した高幹が叛旗を翻し、曹操はこれを討ち破った。高幹は荊州へ落ち延びていく途中で殺され、幷州もついには平定される。

逃げ場を失った袁熙と袁尚の兄弟は、遼西の烏桓族――その単于《ぜんう》（棟梁）蹋頓《とうとん》のもとに身を寄せる。なぜ二人は、異民族の中にいたのか。これは幽《ゆう》州の遼東郡と遼西部、右北平《ゆうほくへい》郡の三郡に、いつしかモンゴル族の烏桓が住みつき、独自に集落を作り、自治を始め、ついには漢民族を追い出して、一方的な支配をはじめたことに由来していた。

建安十二年、曹操は烏桓をも攻め、蹋頓を殺してこの地を漢民族に解放する。

袁熙と袁尚の二人は、さらに遼東へ逃れたが、この地の太守・公孫康《こうそんこう》によって殺され、その首級が曹操のもとへ送られて来た。

## ◆異民族に対する外圧対処法

ところで、中国の歴史を眺めていて、いつも奇異に感じるのは、漢民族による王朝の帝国より、異民族の国家のほうが、遥かに版図が大きいという事実である。

とくに、チンギス・ハンの孫フビライ・ハンによってたてられた元帝国の版図は、空前のものであった。満州から興った清朝も、漢民族のそれに比べればかなり大きい。

もともと農耕を主体とした漢民族にとって、遊牧を生業とする周辺の異民族は、さして脅威ではなかった。両者を比較すると明らかなように、圧倒的に人口は漢民族側が多く、文化のレベルにおいても、経済力でも、〝漢〟は異民族に勝《まさ》っていた。

ところが、遊牧民族が騎馬戦術を編み出してから、戦車しかしらなかった漢民族の優位性は、必ずしも不動とはならず、戦闘能力では後塵《こうじん》を拝するようになり、経済力、文化レベルで辛うじて遊牧民族を凌いでいたものの、やがて、遊牧民族が武力そのものをもって、漢民族を圧迫するようになる。

春秋時代、軍隊の主力は数頭の馬に引かせ、御者と戦士が乗りこむ戦車で、数百乗から千乗あまりの隊列を組み、戦いは大平原で専らおこなわれた。それに騎上で戦うスタイルが取り入れられ、さらに南方の呉からは、身分的制約のない、一般の庶民が武装して戦士＝兵となる動員方法が採用され、兵数が飛躍的に増大する。

兵の補充は容易となり、兵を率いる将も貴族層から専門職へと変った。兵数の拡大は歩兵を軍の主力とするようになり、用兵術は分断と各個撃破、陽動作戦、奇襲、待ち伏せ、進軍を秘匿《ひとく》しての迂回《うかい》、後方遮断、長駆進撃といった、多岐にわたるようになる。

加えて、水戦と水上補給路の確保。戦いは短期から長期へと移り、国家の総力戦・消耗戦の様相を体していく。異民族はそれらを、巧みに自分たちのものとしていった。

そのため、〝漢〟の帝国でも、こと北方のモンゴル高原を根拠地とする騎馬民族の一国＝匈奴《きょうど》には、抗し難く、ほとんど屈辱的な外交をもって、相手をなだめつづけた。

匈奴の機嫌を伺うことなく、真正面から決着をつけようとしたのは、前漢の武帝《ぶ》（前一五六～八七）が最初ではなかったろうか。当時、漢にはすでに鉄製の武器があり、軍事科学力で勝《まさ》った漢は、名将・衛青《えいせい》や霍去病《かくきょへい》ら天才戦略家を指揮官に得たこともあって、匈奴の国威を失墜させるのに成功する。

しかし、「匈奴」の弱体化は一方において、「鮮卑《せんぴ》」や「烏桓《うがん》」といった、別の異民族を勢いづかせる結果を招来した。

漢民族の王朝は、当初、鮮卑を対匈奴戦の傭兵《ようへい》、先兵に利用しようとしたが、それがかえってかれらを図にのらせることとなった。後漢帝国では鮮卑を抑えるのに、膨大な恩賞をもってしたため、かれらはますますつけあがり、匈奴や烏桓をも従えて、モンゴル高原を中心に一大支配圏を確立するにいたった。

後漢帝国を代表することとなった曹操は、和戦のいずれかを選択しなければならず、ここにも巨大帝国への道と分裂多数国家への二択は、待ちかまえていたのである。

かれはこの二大勢力に対して、決して妥協的な態度をとらず、袁熙・袁尚の首級を送って来たときも、鮮卑の大酋長《だいしゅうちょう》・軻比能《かひのう》がのちに魏に来貢してきたときも、かれらが北辺の漢土を掠《かす》め、向背常ならないことを承知しており、異民族を心から許していない。

鮮卑に対しては刺客を放ってこれを討たせ、大同団結しつつあった烏桓に対しては、徹底した討滅を最前線に指示している。蹋頓《とうとん》を破って、その主力を壊滅させた曹操は、降伏を申し入れてきた烏桓を、己れの配下に編入して、徐々に〝漢〟の風土にならし、異民族による中国制圧の芽を摘み取る工夫もしていた。

もし、曹操が信念をもってかれらに立ち向かわなければ、鮮卑にせよ烏桓にしても、民族的団結のチャンスをものにし、勢いに乗って確固たる——分裂併立の国家を、辺地に建設した可能性は高かった。

曹操に完膚なきまでに制圧、飼いならされた鮮卑が、自らの強さのほどを思い出すのは、三国志の時代を経て、晋の治世を過ぎ、いわゆる〝五胡十六国〟と呼ばれる時代（三〇四〜四三九）にいたってからのことである。

ここでも曹操は、巨大国家と採るべき道を先駆けていた。

## ◆最後に残った劉表

翌年、朝廷では〝三公〟が廃止となり「丞相《じょうしょう》」の位が設けられ、曹操が就任した。

補佐には毛玠《もうかい》に加え、崔琰《さいえん》が起用された。崔琰はもとは武人で、成人してから学を志し、大儒・鄭玄《じょうげん》の門に学び、袁紹に招かれ、その袁紹が曹操に敗れてのち、袁譚と袁尚がともに崔琰を味方にひきいれようとし、それを固辞したため、牢獄に閉じこめられていた。陳琳らの救助運動で死をまぬがれた崔琰は、曹操が冀州を完全に占拠すると召し寄せられる。田豊・許攸の、才能のかわりであったかもしれない。

毛玠と崔琰の二人に、政治をまかせた曹操は、鄴の玄武苑に池をこしらえ、そこで水軍の演習を開始する。中国全土を統一するには、南下して長江流域を手中にしなければならない。残る群雄割拠の生き残りは、ひとり劉表のみとなっていた。

荊《けい》州の刺史・劉表《りゅうひょう》は、朝廷内で宦官との対立抗争を繰り広げた〝士〟のメンバーで、兗州の山陽郡（現・山東省済寧市金郷《きんきょう》県周辺）の出身であった。

実家は前漢の魯《ろ》の恭王《きょうおう》に発する旧家で、一時期、宦官派によって貶《おと》められ、指名手配されたこともあったが、「黄巾の乱」のとき、かれらと合流されるのを恐れた朝廷が、大赦を実施したため、劉表は官界に復帰できたのである。

大将軍・何進《かしん》の掾《じょう》（副官）となり、初平《しょへい》元年（一九〇）、前任者の王叡《おうえい》が、袁術に属していた長沙《ちょうさ》郡（現・湖南省長沙市）の太守・孫堅に殺害されたため、その後任となった。

もっとも、劉表の荊州の牧《ぼく》就任は、決して尋常な決定ではなかったようだ。

劉表は何進の副官であったから、その後の董卓の勃興、中央の多様な諸勢力の利害抗争

＝政争が、やがては己れの身に災いすると判断した。

そこで長安の董卓を頼ろうとしたが、董卓は「司徒」の王允《おういん》にそそのかされた呂布に暗殺され、次いで、董卓の部下であった李傕《りかく》・郭汜《かくし》が王允を殺害してしまった。呂布は逃亡した。劉表はどうしたか。一方の李傕に貢ぎ物を贈り、この男を籠絡《ろうらく》して、恭順の意を表し、その影響下に入るふりをする。

しかし、この頃すでに、各地の群雄はせめぎあい、抗争し、併合しあって日毎に生き残ったものが巨大化し、朝廷の威令は行き届かなくなっていた。

任命されたとはいえ、劉表は「部曲」（私設軍団）をもっておらず、頼りとした李傕も、郭汜との内論揉《うちわも》めの果てに、自滅してしまう（一九五）。いわば劉表は、群雄による争奪戦の火中に、素手で飛び込んだに等しかった。

荊州の北部・魯陽《ろよう》（現・河南《かなん》省平頂山市魯山《ろざん》県）には袁術が進駐していて、南陽郡はその支配下にあった。同様に、南部には孫堅の勢力が長沙・華容《かよう》に浸透しており、劉表は役所の所在する漢寿《かんじゅ》（現・湖南省常徳市漢寿県）にすら入れないありさま。

仕方なく一兵の供もつれずに、襄陽《じょうよう》の南・宜城《ぎじょう》に赴いた劉表は、蒯良《かいりょう》・蒯越《かいえつ》・蔡瑁《さいぼう》といった、この地域の〝名士〟を招き、荊州平定の方策を問うたのであった。

このとき、蒯越は恐るべき進言をしている。

「平和な世には仁義が必要ですが、乱世にあってはまず権謀術数です。兵力は数だけ多けれぱいい、というものではありません」

荊州内の諸勢力を有利な条件で呼び寄せ、それぞれの首領を問答無用で斬り、その部下の兵を「部曲」とすればよい、と蒯越はいとも簡単にいう。

事実、劉表は五十五名もの首領をワナに嵌《は》めて斬殺し、その配下を私設軍団に編成した。そして、その武力によって、他の影響下にあった太守や県令を辞任に追い込んでいったのである。

もし、この劉表が荊州制圧に成功していなければ、のちに劉備がこの地へ到っても、いかに諸葛孔明《しょかつこうめい》に智謀があったとしても、「天下三分の計」を立てるべき領域は、大陸のどこにも残されていなかったであろう。

## ◆いざ、赤壁の戦いへ

中原から離れていたため、戦乱にまきこまれなかった荊州だったが、建安十三年（二〇八）七月、前月に「丞相《じょうしょう》」となった曹操が、いよいよ劉表を討つべく出陣してくると、様相は一変した。劉表にすれば、かつての諸侯連合軍の仲間――それも格下であったはずの人物――は、とてもかなわぬ巨大な、華北の覇者となっていた。

その心労がたたったのであろう、八月、劉表は病没してしまう。ところが、かれもまた、袁紹と同じ蹉跌《さてつ》を踏んでいた。二人の息子＝劉琦《りゅうき》と劉琮《りゅうそう》を残したまま、はやくにいずれを後継とするか、を決めておかなかったのである。劉表が危篤におちいった段階で、かれの軍師をつとめた実力者の蒯越により、ようやく後継は劉琮と決定した。

劉琮は荊州をあげて、曹操への降伏をねがい出る。

このとき、夏口（現・湖北省武漢《ぶかん》市武昌《ぶしょう》区）に落ち延びていた劉備は、諸葛孔明を江東＝呉の孫権（孫氏三代・孫堅の次男）のもとへ遣わし、決戦するよう呼びかけさせた。

呉の大勢も、一度は曹操への帰順に傾いたが、魯粛《ろしゅく》・周瑜《しゅうゆ》といった若手の重臣は、勝算は十分にあると説き、軍議を降服から決戦へと、ひっくり返した。

「曹操は水軍八十万というが、実際のところ中原から率いてきた兵は十五、六万。それも

# 終章

# 天命知命

長い遠征でなれない船旅、さぞかし疲れきっているでありましょう。併合した劉表の兵も七、八万人。かれらは降参したばかりで、必死に戦う気力はありますまい。恐るるに足りませぬ。こちらには精兵五万あり、十分に太刀打ちは可能です」

周瑜は、孫権にいったものだ。

加えて、劉表の長男・劉琦《りゅうき》には手勢一万余がいた。かれは弟の劉琮とはちがい、劉備とともに戦うという。

曹操の水軍は、赤壁（現・湖北省咸寧《かんねい》市嘉魚《かぎょ》県の東北）まで進出している。

周瑜にひきいられた三万の軍がまず、曹操の大水軍につっかかったが、どうしたことか曹操側は思うほどにふるわず、長江の北岸へ退避した。周瑜は南岸に軍船を移しながら、部将・黄蓋《こうがい》の進言を入れ、十艘の軍船に枯れ草・薪を満載して、油を浸し、投降するとみせかけて、曹操の大軍に近づくや、接舷直前に自らの軍船に火を放ち、炎で燃えさかる船を大船団につっこませた。おりからの東南の風にあおられて、曹操の陣営はまたたくまに火の海と化する。

曹操は素早く――それこそ、這《ほ》う這《ほ》うの体で――戦場を離脱した。あまりにもあっけない、幕切れであった。周瑜や劉備の、水陸双方からの、必死の追撃をかわして、曹操は北へどうにか逃げのびる。

赤壁《せきへき》の戦い――後世、数におごった曹操の隙を、呉の周瑜《しゅうゆ》が的確に衝《つ》き、火攻めの策で一網打尽にした。このため、曹操は天下統一をあきらめなければならなくなった、とされてきた。しかし、降参する将兵もなく、わずか一度の敗戦で、実数二十万の曹操軍が、壊滅的打撃をこうむり、それがすぐさま、華北経営に専念することにつながった、とはとうてい考えられない。

「公（曹操）は劉備との戦いに不利であった。疫病が大流行し、多くの死者を出したため、公は兵をひいて帰還した」（『三国志』「武帝紀」）

とある。同様の疫病については、劉備の「先主伝」にも、赤壁の戦いで勝利した劉備と呉軍は、水陸から追撃戦を敢行したことに言及し、

「また当時、疫病が流行し、死者が続出したので、曹操の軍勢は撤退せざるを得なかった」

との記述があった。さらに、孫権《そんけん》の「呉王伝」には、

「（曹操軍の）兵士たちは飢えと疫病で大半が死んだ」

と、やはり同一の述懐があった。

では、どのような疫病が流行《はや》ったのか。これには、風土病との見解が圧倒的であった。「住血吸虫病《じゅうけつきゅうちゅうびょう》」というもので、巻き貝をはじめ、諸々の貝類を媒介とする寄生虫（住血吸虫）によるもの。下痢《げり》をともない、今でいう肝硬変を併発。体力が衰弱して、抵抗力の弱い者はそのまま死んでしまうという、実に厄介な風土病であった。

## ◆第二次赤壁の戦いを断念した真意

古来、長江（揚子江）沿岸には、この風土病が広まっていたらしい。現代ではほぼ絶滅したようだが、近代以前の風土病発生率は、発生時、平均して住民の半数に達している。

地元民はまだしも免疫があったからいいようなものの、曹操の率いた北方出身の将兵たちには、たまらなかったであろう。『三国志』「周瑜《しゅうゆ》伝」には、

「孫権は周瑜、程普《ていふ》らを派遣し、劉備と力を合わせて曹操を追撃させ、赤壁で魏軍（曹操軍）と遭遇した。このとき曹操の軍勢には、すでに疫病が発生しており、そのためかれは一度、応戦しただけで軍を江北へ退却させた」

とある。

史実から推測すれば、曹操は南下して一気に、雌雄を決しようとしたが、疫病が流行《はや》って大水軍の将兵は、急速に体力を衰弱させていた。そこをダメ押しするかのごとく、周瑜の奇策＝火攻めが敢行されて、全軍が崩壊したとみるのが妥当のようだ。

戦争のうえでの退却であれば、あるいは、曹操の立ち直りは早かったかも知れない。

だが、相手が悪かった。風土病とあっては、さしものかれにも打つ手がなかったのであろう。このタイムラグが、曹操の南下戦略を根本から狂わせてしまった。

戦後、孫権と劉備の勢力を、一時的にせよ飛躍させてしまった。再戦しても、状況は第一次赤壁の戦い前とは、大いに異なってしまう。

孫権の勢力は、荊州から揚州にかけて長江（揚子江）流域にまで、急速に広がった。

劉備も荊州の牧となり、州内の長江以南の地を手に入れている。

曹操はこうした情勢を踏まえ、即再戦の南下を目指さなかった。それなのに、なぜであったのだろうか。これこそが、曹操の〝傲慢さ〟であった。

譙に戻ったかれは、さっそく水軍の演習を再開している。建安十四年（二〇九）、

どれほど拍子づいた博奕でも、負けそうだと思った瞬間、身をひくのがこの男の不思議な流儀であった。官渡の戦いのような大博奕《おおばくち》を敢行していながら、自尊心も利害も道端にほうり出して、かれはひややかに己れを取り巻く環境を、冷静にみつめた。

第二次赤壁の戦いは、可能である。が、再び大敗すれば、これまで己れの手にしてきたすべてのものを、失うことになりかねない。まさに、官渡の戦いにおける袁紹の立場となる。また、小さな勝利を手にしたとしても、拡散した残存勢力を一つ一つつぶしていくには、けっこう骨がおれた。これからさらに、さて、どれほど時間が残されているであろうか。

このとき、曹操は五十四歳であった。まだ、朝廷の再編も完全とはいえない。

これまでのかれならば、かならず即再戦に応じ、劣勢や不利な状況がふりそそぐほどに

燃え、不屈の精神でかならずや〝詭道〟をみつけ、自ら奇策を考えつき、起死回生を図ったであろう。それこそが、曹操の本来の流儀であった。

だが、この度のかれは、自らが得意とする型であるがゆえに、あえてこの勝負――天下統一事業――を捨てた。曹操は孔子のいう、天命を知っていたようだ。また、手段が目的化してはならないことも、肝に銘《めい》じていた。

目的は後漢末期の動乱を鎮《しず》め、泰平の世に移すことである。

曹操は訓練を積んだ水軍を率いて、渦水《かすい》――淮水《わいすい》――肥水《ひすい》に沿って、合肥《ごうひ》（現・安徽省合肥市）まで進攻し、芍陂《しゃくひ》（現・安徽省淮南《わいなん》市寿《じゅ》県）に屯田を開いた。まず、揚州南部に橋頭堡《きょうとうほ》を築こうというのだ。それこそ袁紹に田豊や許攸が進言した、大きい軍の戦い方そのものであった。

そうしながら建安十五年、曹操は〝賢〟を広く求める人材登用の令を発する。

## ◆最大の拠りどころ

「唯《た》だ才をば是《こ》れ挙げよ。吾《われ》得て之《これ》を用いん」

である。品行方正である必要はない、とかれはいい切った。才があるか、どうか。

「玉の如《ごと》き才を抱きながら、粗末な形《なり》をして渭水《いすい》のほとりで釣をしていた太公望呂尚《たいこうぼうろしょう》が、周の文王に見い出されたように、自分が発見されることを待ち望んでいる人間は、今の世にもいるのではないか。あるいは前漢帝国の重臣となった陳平のように、兄嫁と密通したとか、賄賂《わいろ》を受け取ったとか、後ろ指をさされながらも、その才を認めた魏無智《ぎむち》（魏無知とも・劉邦の腹心）を通して、劉邦に用いられたもの、不行跡を咎《とが》められたために、才能を埋もれさせているものは、今の世にもいるのではないか。

諸君、私を助けて、埋没した己《おの》が才能をもう一度、掘りあててほしい。才がありさえすれば推挙せよ、私がその者を召し抱えて起用するであろう」

曹操は本気であった。この発令の四年前には、上司が部下に気をつけなければならない問題として、〝面従《めんじゅう》〟（人の面前だけ服従すること）をあげている。

「つねに中正（かたよらず、公正であること）を失わないように、と心がけてきたが、最近、優れた提言を聞かない。これは私が十分に開放的ではないからであろうか――」

そういいつつ、曹操は各官庁の責任者から、各々の部下へ紙と封筒を支給させ、それぞれに月の一日《ついたち》ごとに、政策上の欠点を指摘させるように働きかけた。

先の人材を求める令には、

「――そもそも徳行（正しくりっぱなおこない）のすぐれた人間が、必ずしも行動力があるわけではない。行動力のある人間が、必ずしも徳行が備わっているともかぎらない。陳平はおこないが、篤実であったか。蘇秦《そしん》は信義を守ったか。しかし陳平は、前漢の建国を助け、蘇秦は弱国の燕《えん》を救済した。これらのことから考えれば、欠点のある人間でも捨てていいわけはない。見る目のある人間がこの点を心得ていれば、見すごされる〝士〟はいなくなり、各々が立派に仕事を成しとげられるであろう」

曹操の人材の基準は、間違いなく己れであったろう。不良少年の自分でさえ、「治世の能臣、乱世の姦雄」となれたではないか。かれにはこの思い＝〝傲慢さ〟が、最大の拠りどころであったのだ。人材登用の、独断的基準といってもよい。

たとえば、魏种《ぎちゅう》という人物がいた。かつて曹操が徐州へ出兵したおり、根拠地の兗州からも裏切り者が出る可能性はある、とかれは冷静に予想していたが、それでも、

「この男だけは、私を見捨てたりはしまい」

と信頼していたのが、魏种であった。

なにしろ、曹操自らが「孝廉」に推挙して登用したお気に入りの部下で、その後も何かと目をかけてきた人物である。その魏种があろうことか、曹操の信頼を裏切った。

激怒した曹操は、たとえ何処に逃げても、地の果てまで追いかけて、かならず処分してやる、と周囲に誓言した。ところがいざ、その魏种がつかまると、

「唯《た》だ其《そ》れ才あれば也《なり》」

その才能だからなあ……、とグチりながらも許して、再び登用した。

もっと凄いのが、丁斐《ていひ》であったろう。この男は曹操と同郷ということで、目をかけられ

ていたが、心底、下劣な人間性で、何よりもお金を蓄えるのが大好きであった。

典軍校尉《てんぐんこうい》（皇帝親衛隊の指揮官である西園八校尉の一《いつ》）のポストについていたとき、曹操軍が敵に追い詰められ、危うい瀬戸際に牛馬を放って、敵をそれで釣り、曹操を救ったこともあったが、とにかく賄賂《わいろ》を周囲に要求しては、セコセコ金を貯めていた。

あるとき、自分の家で飼っていた牛が痩せこけてきたのに気がついた丁斐は、ならば、と官営の牛とすり替え、なに食わぬ顔をしていたが、やがてこの一件は露見《ろけん》する。

当然のごとくかれは逮捕され、官位は剥奪《はくだつ》となった。

曹操はそのあとで、丁斐と会ったようだ。

「お前は官位のしるし（印綬《いんじゅ》）を返却しなかったそうだな」

からかい半分に問うと、丁斐は悪びれもせず答えた。

「へい。印綬は餅《パン》に化けましたので……」

これを聞いた曹操は、怒りに震えることなく、ふき出しながら周囲の部下にいう。

「この男を何とか処分してくれ、と告訴してくる者は多い。私とて丁斐が清廉でないことは、十分に承知している。しかしな、私がこいつを置いているのは、そうだな、鼠《ねずみ》を取るのがうまい泥棒犬を飼っているようなものだ。つまり、多少はくすねられはするが、私の袋のなかの蓄えそのものは、守ってくれている。たとえていえば、そういうものだ」

曹操は丁斐をもとの官に戻し、これまでと同じように働くことを許している。

## ◆転換期の動揺

建安十八年、曹操は、〝魏公〟の位に就いた。

「徳に悖《もと》る行為は、すべきではありません」

荀彧に反対された、あの件である。

冀州の十の郡を魏国とし、国の象徴である社稷《しゃしょく》・宗廟を設け、土地や五穀豊穣《ほうじょう》の神、先祖の霊を祀《まつ》って、尚書・侍中・六卿《りくけい》などの国のポストを整え、その体裁《ていさい》を繕《つくろ》った。

そのうえで、かれは諸侯王より上位であるとの、詔を受ける。つまり、皇族の上に立ったというのだ。そのあまりに〝傲慢〟な様に、献帝の皇后が「外戚」とともに曹操暗殺を企てた。ことは事前に露見し、宮殿から引きずり出されようとする皇后は、乱れた髪にはだしの姿で献帝に泣きながら、

「助けてはくださらないのですか」

と叫び、夫の天子をなじった。献帝は力なく、ぽつりという。

「私自身も、いつまでの生命《いのち》かわからないのだぞ」

皇后は獄死し、連座した皇子や皇后の一族＝「外戚」は百人以上が謀殺された。

そして建安二十一年、曹操は魏公から一段進んで、ついに魏王となった。天子と同じ劉

姓でなければ、登り得ない爵位を受けたのである。

この昇進を賀した楊訓《ようくん》の上奏文は、心ある世の人々に、軽薄なおもねり、追従《ついしょう》だと批判された。曹操の補佐役の崔琰などは
「表を省《み》るに事の佳《よ》き耳《のみ》」

と、手紙にしるしている。

上奏を見たが、なるほど、書かれている内容はみごとだ、けれどそれだけのことだ、と。

崔琰は曹操から、死を賜わっている。

ふと、老子の友人を見舞った挿話を思い出した。友人は歯がすっかり抜け落ちていたが、舌だけは健在だった。老子は慰めていう、

「舌が残ったのは柔らかいからで、歯が抜け落ちたのは堅かったからだ」

すると友人は、

「天下の事は、この一言に尽きるな」

と歯のない口でいい、手を打って笑った。

変化に応じた柔軟な思考だけが、世を生き残る要諦だということを、このエピソードは語っていた。後漢帝国のシステムは、すでに修復不可能なまでに劣化し、組織疲労して、事実、群雄割拠の乱世を自らの手で平らげることができなかった。

なるほど、献帝の権威が曹操を助けたことはあったろう。

だが、官渡の決戦に、献帝の力は曹操の援救《えんきゅう》（すくい）となったであろうか。否である。政体は時の流れにしたがって、変化してしかるべきものであった。

ただし、変えてはいけない原理・原則は存在した。そこにくらすすべての人々が、しあわせを実感できること――これは大前提であった。曹操はその原理・原則を認めようとはせず、すでに消滅している権威をなつかしがる、荀彧や崔琰が許せなかったのであろう。毛玠もほどなく免職となり、自室で亡くなっている。

魏王となった曹操を認めなかった〝名士〟がいる一方で、次なる展開に一緒に臨もうとした〝名士〟や〝士〟も少なくなかった。賈詡《かく》・程昱《ていいく》などである。

曹操は魏公、魏王となっても、戦場からは遠ざかってはいない。

建安二十二年には攻めていた孫権からの講和の申し入れを受けている。その翌年には劉備を討つべく長安まで進出していた。夏侯淵が戦死したのは、その次の年のことであった。曹操は一度、洛陽まで戻ったものの、わが忠臣の弔《とむら》い合戦でもなかったろうが、関羽を討つべく出撃。曹操に呼応した孫権が、関羽を討つことにつながった。

建安二十五年正月、さしもの曹操も疲れたのか、洛陽に戻ったところで病いを発し、正月二十三日、その六十六年の生涯を閉じた。

## ◆曹丕、帝位に就く

曹操があえて就かなかった魏帝国の帝位には、すでに準備はできていたのだろう、十月、後継の曹丕が「禅譲」という形で、献帝からスムーズに帝位を譲り受け、年号を「黄初《こうしょ》」と改めた。

これを追うように、翌年（二二一）には劉備が蜀漢の帝位につき、諸葛孔明が「丞相」となった。その次の年には、孫権も呉の王となっている（皇帝を称するのは七年後）。正式に、三国鼎立時代の幕明けとなったわけだ。

西暦二二三年、三帝の一《いっ》・劉備《りゅうび》が死ぬ。その直前、孔明《こうめい》に向かって発した劉備の遺言は有名である。

「君が才は曹丕《そうひ》に十倍せり。必ず能《よ》く国を安んじ、終《つい》に大事を定めん。若《も》し嗣子《しし》（劉禅《りゅうぜん》）輔《たす》く可《べ》くんばこれを輔けよ。如其《もしそれ》、不才なれば、君、自ら取る可《べ》し」（孔明の才能は曹丕の十倍もある。したがって、必ず蜀漢《しょくかん》帝国を安定し、劉備の理想とする漢の復興を果たしてくれるであろう。後継者の劉禅については、助けるに価するなら補佐してやってほしい。もし、そうでなければ君〈孔明〉が取ってかわって皇帝になってもらいたい）

これほどの遺言は、おそらく史上に類をみないのではあるまいか。劉備のもつ人間的魅力は、この遺言に尽きるといっても差し支えないであろう。享年六十三。

ところで曹操《そうそう》は、どのような遺言を残して逝《い》ったのだろうか。

「天下はいまだ定まっていないから、古式に従う葬礼は必要ない。葬儀が終了したならば、みなはただちに喪服を除《のぞ》け、駐屯地にある将士は、その地から離れてはならない。諸官は各自の職務に専念せよ。わが遺体は平服のままとし、金銀財宝は副葬しないように」

ざっと右のような事柄が、『三国志』の「武帝紀」に記されていた。

曹操は後継者の曹丕《そうひ》に、後漢帝国を滅ぼして魏朝を樹立せよ、とは具体的には遺言していなかった。このあたりにも、曹操の人柄がうかがえる。心のどこかに、おそれがあったのかもしれない。が、曹丕には、それがなかった。かれは、忠平《ちゅうへい》四年（一八七）の生まれであるから、曹操の死を三十四歳で迎えたことになる。

建安二十五年（二二〇）は、曹操の死により「延康《えんこう》」と改元され、後漢帝国が滅亡して魏帝国が誕生することにより、「黄初《こうしょ》」と元号が改められた。つまり、一年の間に、三つの元号が用いられたわけだ。

さて、魏が選んだ元号の「黄初」だが、これは先にもみた黄巾の乱と、ある意味で、同じ立場にたっていた。五行説である。漢朝は火徳によって皇帝となり、シンボルの赤を重視した。火の次は土となっており、魏はこの論法に従ったのである。土徳は黄色がシンボルであった。黄巾の乱も五行説を意識したものであったことは、すでにふれている。

興味深いのは、呉《ご》の孫権《そんけん》が定めた元号である。「黄武《こうぶ》」とあった。これも、後漢帝国の正統後継者は自分である、との宣言にほかならなかった。

魏と呉の狭間で建国した蜀《しょく》は、劉備《りゅうび》が帝位に就いたものの、魏や呉とは違って黄色を用いずに、「章武《しょうぶ》」とした。これは漢帝国を否定した政権というものではなく、逆に、自分こそが漢帝国を引き継いだ、正統派の後継者であるとの立場をとったからであった。すなわち、洛陽《らくよう》を国府とした後漢は魏に簒奪《さんだつ》されたが、皇帝＝皇室に繋がる劉備が、蜀の地でこれを復興した、との主張となった。

曹丕《そうひ》の時代、魏《ぎ》は最も安定していた。

かれは文学にも優れていたが、政治に関しては、

「父（曹操《そうそう》）よりも優れていた」（郭沫若《かくまつじゃく》著『歴史人物』）

との証言もあるほどだ。

宦官《かんがん》の越権行為を禁止し、「外戚」の進出を未然に防止している。人材の登用は父にならっており、その他にも租税の軽減、屯田制の整備などを押しすすめた。

このまま曹丕が長寿であれば、のちの晋《しん》は建国の機会をもち得なかったであろう。

しかし、皇帝としては及第点だった曹丕も、こと寿命に関しては思うようにはならなかった。黄初《こうしょ》七年（二二六）、四十歳で他界（在位わずかに七年）。甄《しん》皇后との間に生まれた、曹叡《そうえい》が即位して明帝《めい》となった。

この明帝の時代は、軍事面においては、蜀《しょく》の諸葛孔明に西部戦線での戦いを強《し》いられたが、青龍二年（蜀＝建興十二年　二三四）に孔明が五十四歳で没すると、五年後（二三九）、明帝もそれを追うように三十四歳（三十六歳説もある）の若さで没してしまう。在位期間は十四年であった。

おそらくこの時点で、かつて五《ご》丈原《じょうげん》（現・陝西《せんせい》省）に孔明を阻んだ、魏の重臣・司馬懿《しばい》（字は仲達《ちゅうたつ》）の実力は、曹氏一族と拮抗していたかと思われる。それを承知していたのか、明帝は臨終に際して司馬懿の手をとり、

「吾《われ》、病《やまい》甚《はなはだ》し。後事を以《もっ》て君に属《まか》す。君、其《そ》れ爽《そう》とともに少子を輔《たす》けよ。吾、君を見るを得たり、恨む所無し」

と遺言した。司馬懿は頓首流涕《とんしゅりゅうてい》（頭を地につけて拝み、はらはらと涙を落とすさま）したという。

文中の「爽」とは、皇族の曹真《そうしん》（曹操の族子《おい》・曹劭《そうしょう》の子）の子・曹爽《そうそう》を指し、「少子」＝八歳の斉《せい》王・曹芳《そうほう》を二人して補佐してほしい、と言い遺したわけだ。

世継ぎがなかった明帝は、皇族の曹芳《そうほう》を養子に迎えたが、いよいよ病が重くなると立太子の発令をなした。このころから、魏帝国は目に見えて傾斜していくのだが、それにしても不思議なのは、魏《ぎ》帝国崩壊時の曹《そう》氏一族である。

## ◆生存と滅亡の原理・原則

後漢帝国はすでにみてきたごとく、献帝（孔明と同じ年に没す）にいたる以前から、「外戚」と宦官による腐敗・堕落がのさばり、黄巾の乱のような叛乱勢力が次々と台頭するなど、まさしく内憂外患の有様がつづいていた。が、魏は蜀《しょく》を平定し、残る呉に対しても圧倒的に優位・優勢に立っていた。

にもかかわらず、献帝の〝禅譲〟からわずか四十五年にして、次には曹氏が〝禅譲〟を余儀なくされる立場になろうとは……。

この間、曹氏一族による打倒司馬氏の叛乱は、ほとんど起らなかった。なぜであったのか。これにはどうやら、魏の皇族対策そのものに、決起できなかった理由があったように思えてならない。

システムはときに、最良の設計が想定外のアクシデントを生むことがあった。長所は常に短所だということを、肝に銘じるべきかもしれない。

曹丕《そうひ》が魏王の二代に、さらに皇帝の座に就いたとき、文才を世に知られた弟の曹植《そうしょく》が、どのような処遇を受けたか。盥回《たらいまわ》しされるように、幾つもの列侯や王に封じられ、頻繁に国替えを強要された。同様に、皇族間の交際も魏では厳禁されている。

この政策は、曹丕による魏帝国の安定化の一環とはなったが、一方では諸刃の剣となった。

皇位継承権を持つ皇族に実力を蓄えさせると、いつ、皇帝の座がおびやかされるか、また、クーデターを起こされるやも知れない、との危惧にばかりに目がいき、もう一方の側面を無力化してしまった。藩屏《はんぺい》（皇帝を守る勢力）としての、価値である。

皇族の力を強めさせることのないよう、兵力や経済力を蓄えさせず、身内に対抗意識そのものを持たせまいとしたこの政策は、簒奪者が外部から現れたとき、皇帝の守りとなるべき皇族たちに力がなく、みすみす帝国を乗っ取られることにもつながった。魏帝国はまさに、その好例となってしまう。

魏帝国の四十五年は、その三分の一に司馬懿《しばい》のクーデター以降の期間を含んでいた。差し引けば、三十年の政権でしかなかった。本来なら、皇族の力量を充分に蓄え、要所・拠点に重点的に配置して備えるべきであったろう。だが、仮にそれらを完璧に成していたとしても、無欠の防備とはならなかったにちがいない。

世の中とは本来、そういうものであった。

もとより明帝が崩御した時点で、曹氏一族代表の曹爽も、司馬懿が油断のならない人物であることは判っていた。帝国を簒奪《さんだつ》されかねない危うさも、実感している。だからこそ、曹爽は可能な限りの手を打っていた。その戦略が、『魏書』の「曹爽伝」に載っている。

「外《そと》、名号をもってこれを尊び、内《うち》、尚書の奏事《そうじ》をしてまず来りて己れによらしめ、その軽重《けいちょう》を制す」

すなわち、形の上では相手を敬《うやま》って高位につけ、その実、祭り上げて情報は己れが一元的に独占し、実権をこちらが掌握するという方法を採った。具体的には、司馬懿を「太傅《たいふ》」(天子の教育係)という最高名誉職につけ、要職は曹氏一族で占めたのである。

このやり方は一時期、成功している。魏帝国の中枢は曹氏一族かその腹心で占められ、朝政はもっぱら曹爽の独占するところとなった。曹爽はこうして、すでに六十一歳の司馬懿がこの世を去るのを、じっくりと待つつもりでいたようだ。

ところが司馬懿は、

「無能を示して以《もっ》てこれを安んずべし」

病床についているふりを装い、相手を安心させつつ沈黙をつづけた。

かれは勝敗を、一挙に決するつもりでいたようだ。

明帝が没して、十年が過ぎた。嘉平《かへい》元年(二四九)、司馬懿への警戒心をようやく解いて、いささか増長しかけた曹爽が、天子の供をして明帝の墓陵に参拝した。その留守を、司馬懿は待ち構えて襲う。このとき、旅先の曹爽はかなりの兵力をもっていたのだが、司馬懿に降伏勧告を受けると、生命《いのち》の保障はするなら、と簡単にその申し出を受けてしまう。かれには曹操の〝傲慢さ〟が、万分の一も遺伝していなかったようだ。

曹爽は謀叛の罪をきせられ「三族（父族・母族・妻子）皆殺し」となり、曹氏一族は、いうまでもなく一網打尽に粛清されてしまう。

後漢帝国における曹操と、同様の〝力〟をもった司馬懿は、西暦二五一年に没し、司馬懿の孫である司馬炎《えん》（字《あざな》は安世《あんせい》）が魏に代って晋を建国する。西暦二六五年であり、呉を滅ぼして中国を統一したのが同じく二八〇年であった。

司馬懿は宣帝と諡号《しごう》を追贈される。

歴史は〝人物〟によって、興亡をくり返していく。その生存と滅亡の原理・原則は、変ることはなかった。

（了）

# 主要参考文献


『絵本通俗三国志』池田東籬・葛飾戴斗　東京同益出版社　一八八三年
『魏武帝註孫子』（上中下巻）鹿又常校點　青木嵩山堂　一八八一年
『90分でわかる三国志の読み方―基本と常識 英雄たちはどのように戦ったのか？』加来耕三監修　かんき出版　一九九七年
『後継学―戦国父子に学ぶ』加来耕三著　時事通信社　二〇〇六年
『交渉学―相手を読み切る戦術』加来耕三著　時事通信社　一九九九年
『甲陽軍鑑』（『甲斐志料集成』所収）甲斐志料刊行会編　甲斐志料刊行会　一九三四年
『コミック版　三国志英雄伝』（全五巻）加来耕三監修　ポプラ社　二〇一三年
『三国志　勝つ条件敗れる理由』加来耕三著・横山光輝挿画　実業之日本社・じっぴコンパクト　二〇〇九年
『<三国志の謎>徹底検証―諸葛孔明の真実』加来耕三著　講談社・講談社文庫　一九九七年
『諸葛孔明・逆境をバネにする参謀学』加来耕三著　成美堂出版　一九九八年
『諸葛孔明は二人いた―隠されていた三国志の真実』加来耕三著　講談社　二〇〇九年
『新参謀学―戦略はいかにして創られるか』加来耕三著　時事通信社　二〇〇七年

『人物諸葛孔明』加来耕三著　潮出版社　一九九三年
『正史　三国志』（全八巻）陳寿・裴松之著　今鷹真・井波律子訳　筑摩書房・ちくま学芸文庫　一九九二年
『孫子』金谷治訳註　岩波書店　一九六三年
『孫子　呉子』（新釈漢文大系）天野鎮雄著　明治書院　一九七二年
『「孫子」に学ぶ逆転の知略』加来耕三著　講談社　二〇〇二年
「月百姿　南屏山昇月　曹操」芳年画　秋山武右エ門　一八八五年
『「風林火山」武田兵法に学ぶ勝利への方程式』加来耕三著・横山光輝挿画　講談社　二〇〇六年

**【著者紹介】**

## 加来 耕三（かく・こうぞう）

昭和33年（1958）、大阪市に生まれる。奈良大学文学部史学科卒業後、同大学文学部研究員を経て、現在は歴史家・作家として著作活動を行っている。

「歴史は活用してこそ意義がある」「使えない歴史は意味がない」と考え、歴史をいかに具体的に、日常生活や仕事に活用するかをテーマとして活動している。

『歴史研究』編集委員。内外情勢調査会講師、政経懇話会講師、中小企業大学校講師。

テレビ・ラジオ等の番組監修・出演依頼も少なくない。テレビでは、NHK BSプレミアム『英雄たちの選択』『BS歴史館』、BS-TBS『THE 歴史列伝～そして傑作が生まれた～』『日本史探究スペシャル ライバルたちの光芒～宿命の対決が歴史を動かした！～』『THE ナンバー2～歴史を動かした陰の主役たち～』、TBS系列全国放送『世紀のワイドショー！ ザ・今夜はヒストリー』など多数出演。

ラジオでは、NHKラジオ第1『すっぴん！』、全国10局放送の『加来耕三の「歴史あれこれ」』など、多数の番組で歴史の解説を行う。

主な著書に、『歴史に学ぶ自己再生の理論』（論創社）、『新参謀学』（時事通信社）、『三国志 勝つ条件 敗れる理由』（実業之日本社）、『「三国志の謎」徹底検証 諸葛孔明の真実』（講談社）、『日本武術・武道大事典』（監修／勉誠出版）などがある。

**三国志最強の男　曹操の人望力**

2016年5月20日　第1刷発行

著　者——加来 耕三

発行者——徳留 慶太郎

発行所——株式会社すばる舎

〒170-0013 東京都豊島区東池袋3-9-7 東池袋織本ビル
TEL 03-3981-8651（代表）　03-3981-0767（営業部）
振替 00140-7-116563
http://www.subarusya.jp/

印　刷——株式会社シナノ

落丁・乱丁本はお取り替えいたします

ISBN978-4-7991-0497-2